亲近自然丛书

Nature and Young Children

Encouraging Creative Play and Learning in Natural Environments

(Third Edition)

幼儿园户外创造性游戏与学习

[美] Ruth Wilson 著

陈欢 译

中国轻工业出版社

图书在版编目（CIP）数据

幼儿园户外创造性游戏与学习／（美）露丝·威尔逊（Ruth Wilson）著；陈欢译．—北京：中国轻工业出版社，2020.3（2024.3重印）
（亲近自然丛书）
ISBN 978-7-5184-2645-4

Ⅰ．①幼… Ⅱ．①露… ②陈… Ⅲ．①游戏课－学前教育－教学参考资料 Ⅳ．①G613.7

中国版本图书馆CIP数据核字（2019）第194343号

责任编辑：王慧超　张天怡　　责任终审：杜文勇
策划编辑：高　君　　责任校对：刘志颖　　责任监印：吴维斌

出版发行：中国轻工业出版社（北京鲁谷东街5号，邮编：100040）
印　　刷：三河市双升印务有限公司
经　　销：各地新华书店
版　　次：2024年3月第1版第8次印刷
开　　本：710×1000　1/16　印张：11.25
字　　数：100千字
书　　号：ISBN 978-7-5184-2645-4　定价：58.00元
读者热线：010-65181109
发行电话：010-85119832　010-85119912
网　　址：http://www.chlip.com.cn　http://www.wqedu.com
电子信箱：1012305542@qq.com

240275Y1C108ZYW

译 者 序

戊戌年寒冬将尽之际，我与《幼儿园户外创造性游戏与学习》(*Nature and Young Children: Encouraging Creative Play and Learning in Natural Environments*)有了一场美丽的邂逅。本书让我在博士论文写作最难熬的日子里被童年记忆浸润，为威尔逊（Wilson）博士的志存高远所鼓舞。在翻译本书的近两个月里，在结束了白天精神高度紧张的原创性工作后，虫儿夜话时，我阅读着威尔逊博士笔触细腻而又充满哲思的文字，回忆着儿时在田埂上因几株野草、一条蚯蚓而失神半日的时光，同时小心谨慎地用中文转述威尔逊博士对儿童、对人类的深切关怀。

本书的中文版是以英文版第三版为蓝本翻译的。此时，距离英文版的第一版问世已经有十二年的时间了。在这十二年间，全球变暖等环境问题以出人意料的速度和程度改变了我们的日常生活。"雾霾"成为人人皆知的一个词语，极端天气之"极"一次次被挑战和突破。由此可见，时间的流逝非但没有让本书褪色，反而让它更具前瞻性。对于那些没有将自己视作自然的一部分，没有将地球视为人类与其他生物的共同栖息地的人们来说，威尔逊博士的作品就像一座明亮的灯塔指引着他们。

在早期教育领域，我们应该告诉儿童这个世界正处于危难之中吗？我们应该如何让儿童由衷地喜爱和感恩自然，并培养他们保护环境、珍视生命的生态伦理观？面对这些问题，威尔逊博士没有推销精心设计的课程，而是着眼于儿童，从儿童自发的游戏中寻找力量。游戏，就是连接儿童与自然的“鹊桥”，足以制造比爱情还要美好的相遇。为了促成这美好的相遇，威尔逊博士解释了如何在室内外环境中大量使用自然元素（尤其是开放性自然材料），强调给儿童充足的时间让他们从容不迫地去感受、去观察、去遐想，并要求成年人控制自己想要“教”儿童的欲望，从而让儿童有机会接受自然赋予的能量并从中发现自己的潜能。威尔逊博士还借用了许多环境科学、自然科学的概念，如亲生命性、自然智能、蜂鸟模式、生态身份、共享资源、“共同的世界”视角等，让她的思想站在巨人的肩膀上。

本书对中国的读者而言尤其重要。无论学者、家长、园长、教师还是政策的制定者，都应当花心思阅读本书。相信，许多人一定会有醍醐灌顶的感觉：原来自己小时候在土丘上而不是充气城堡里打滚以及捏泥巴而不是橡皮泥的经验具有如此深远的生态意义，如今儿童被塑料、塑胶、电子产品充斥的生活是一种迷失而非进步。无数的儿童正在长大，我们对自己的生态观以及我们向儿童所传达的生态观进行反思已经刻不容缓。中国作为一个崛起中的大国，我相信，我们迈出的这一步将推动和鼓舞整个世界的环境保护工作。此外，威尔逊博士对游戏的认识超越了国内人的普遍认知，她将自然环境中的创造性游戏提升到培养未来地球公民的高度，并强调游戏是发展儿童的灵性、让儿童体验惊奇感的关键，而不仅仅是促进儿童五大领域的发展。

读者也许有兴趣顺着书中所推荐的著作，进一步了解儿童早期的自然教育，反思并纠正当前种种导致儿童与自然割裂的做法。怀着这种愿望，我深切地期待中国学前教育的未来。

最后，感谢英国 Bright Kids 日间托育中心园长特里西娅·韦林斯（Tricia Wellings）为本书提供的鼎力支持。

陈欢

2019 年 5 月

前　言

游戏是儿童的天性，他们几乎从出生的那一刻就开始玩游戏。他们玩自己的手，玩自己的声音，甚至在任何地方玩任何事物。

动物和成人也玩游戏。游戏为我们的生活增添了乐趣。有时，我们通过游戏来表达喜悦。有时，我们就是为了好玩！对许多动物而言，游戏能让幼崽练习捕猎和其他生存技能，在让幼崽逐渐掌握奔跑、平衡、获悉环境中的危险信号和获得食物等技能中发挥着重要的作用。

儿童玩游戏是天性使然。但对儿童而言，游戏不仅可以用来打发时间，还有助于他们为未来生活中可能从事的工作和经历的事情做好准备，例如：他们成年以后，可能在家庭和社区中担任的角色（如家长、教师、舞者、消防员等）；创造性地解决问题和表达想法；与其他人以及自己的居住地建立良好的关系。事实上，儿童需要通过游戏来充分发挥自己的潜能（Stephens，2009）。

游戏还具有多种多样的发展性功能，为儿童的身体、社会性、认知和情绪情感的发展提供了动机和练习的机会。当儿童有机会自由游戏时，他们就会测试自己身体能力的极限——能爬多高、能举多重、能扔多远、能跑多快？他们也会测试自己的勇气，逐渐建立自尊。在社会性方面，他们练习合作与分享、领导与协商、交朋友和为他人挺身而出。在认知方面，游戏有助于儿童的创造力、逻辑思维和问题解决能力的发展。它帮助儿童进行探索、实验和发现。此外，游戏对儿童情绪情感的发展也有益处。当儿童体验到愉快、团结友爱和成功时，他们就能形成积极的自我意识并在充满变化与挑战的世界中拥有对生活的热情。毫无疑问，这些也有助于儿童在科学、数学、早期读写、社会学习和艺术等方面获得成功。

已经意识到游戏在儿童的学习与发展中极具价值的成人，往往喜欢组织和计划游戏活动。成人设定流程并指导活动，他们也经常向儿童介绍规则游戏（如棋盘游戏、保龄球游戏、捉人游戏等），并提供专门设计的、有特定使用方法的材料（如拼图、宾果游戏材料、配对游戏材料等）。虽然这些活动在儿童的发展中占有一席之地，但它们不应取代创造性游戏。在创造性游戏中，儿童自己设定流程（或者没有流程地随意游戏），选择材料，制定规则（或者没有规则），并使用开放性材料（有许多不同用法的材料）。

本书的重点是创造性游戏——对儿童而言迷人且有价值，但令某些成人烦恼的游戏。成人可能觉得，儿童玩创造性游戏只是在浪费时间。毕竟，给一个桶装满沙子再倒出来，然后再装满，儿童能从中学习什么呢？尤其是，他们一遍遍地重复这个过程，有什么意义呢？本书的内容将证明，儿童仅仅通过摆弄简单的材料就可以学到很多。

本书主要阐述了户外环境里的创造性游戏。以前，对大部分成人而言，对于“户外是儿童游戏的自然场地”这一观点的论证是多余的。在他们看来，户外就是游戏的场地。当儿童在室内变得焦躁不安，或者妨碍父母工作时，他们就会被要求“出去玩”。那时的儿童也根本不需要被成人哄骗着出去玩。他们在户外可以做太多的事情——探索河床、看（或追）蝴蝶和萤火虫、在树林里搭帐篷、在水桶里装石头、用树枝“建造花园”。这些都是儿童自由选择的游戏，可以调动儿童的多种感官，让儿童解决问题和发挥想象力，并鼓励儿童进行冒险。这便是本书所提倡的游戏，被称为“创造性游戏”。

尽管创造性游戏可以且确实发生在几乎所有的环境中，但是近来的研究表明，户外自然环境能够增加创造性游戏的持续时间，提高创造性游戏的频率和质量（Bilton，2010；Elliott，2008）。户外自然游戏场地有树、草和其他多种植物，可以为儿童提供很多可操作的自然材料，比如石头、树叶和树枝。

人们之所以提倡在自然环境中开展创造性游戏，是因为它为儿童、自然界和整个社会带来许多益处。前文已阐述了自然环境中的创造性游戏对儿童的益处，主要是促进儿童的发展和帮助儿童获得学业成就。此外，它也有益于儿童的精神生活，因为亲近自然通常会引起人的惊奇感和敬畏感——甚至有时还有神圣和崇敬的感觉（Schein，2017）。就自然界而言，自然环境中的创造性游戏能够让幼儿深入地理解和感恩自然。这种理解与感恩将引导幼儿关心与保护自然（Orr，2004）。就社会而言，自然环境中的创造性游戏可以培养儿童的同理心、观点采择能力，促进儿童对生活的敏锐察觉，增进儿童对相互依存的关系以及和平、可持续发展的世界的了解（Mische & Harris，2008）。

本书的目的是促进儿童的健康发展，帮助他们形成关爱环境的伦理观。有些人可能认为，更有效地帮助幼儿形成环境伦理观的方式是直接教学，但是早期教育和环境教育领域的相关研究与理论并不支持直接教学这种方式（Copple & Bredekamp，2009；NAAEE[①]，2016）。

从早期教育的有关文献中，我们了解到，幼儿由内而外地建构自己的知识，形成是非感和责任感，而不是由外至内地接受外界传递给他们的知识与伦理道德观念。从环境教育的有关文献中，我们也了解到，环境管理根植于对自然的感恩和关爱。恐吓和命令并不能有效地帮助儿童建立强烈的环境保护意识，在自然环境中的早期积极经历才能够促进儿童关爱环境（Chawla，2007，2009）。因此，本书有关创造性游戏的观点聚焦于户外环境，它为幼儿提供了丰富多样的、与自然环境互动的机

① 英文全称为 North American Association for Environmental Education，即北美环境教育协会。——译者注

会。虽然有一章（第 3 章）致力于讨论室内环境，但其重点依然是通过与自然材料的直接互动来认识自然界，也就是找到“把户外环境带进室内”的方法。

有些人可能会问，这是一本关于早期教育的书，还是一本关于环境教育的书。事实上，二者兼有，因为它致力于实现这两个学科的教育目标。儿童早期教育的重点是促进幼儿的整体发展；环境教育的重点是让儿童在自然环境里学习、为自然环境而学习、进行关于自然环境的学习、向自然环境学习以及利用自然环境进行学习。这些重点体现了一种比自然教育的传统定义——“在环境里、为了环境和关于环境的教育”——更加宽泛的定义，它将自然环境本身看作教师。从自然环境中，我们知道了秩序和相互依存，知道多样性及其充实环境的方式，知道美与神秘以及它们在我们生活中所发挥的作用，知道生死、适应性、互联性、模式和循环。从自然环境中，我们还认识到，我们是某种比我们自己更伟大的事物的一部分，并且我们依赖它。

第 1 章呈现了已有研究和理论对于儿童需要户外活动的原因及其与自然环境互动意义的论证。它探讨了与自然环境的互动如何有益于幼儿（身体、情绪情感、认知、社会性、审美、心灵等）的整体发展，并促进幼儿形成积极的环境伦理观。本章还对创造性游戏和惊奇感进行了探讨。

第 2 章呈现了为幼儿设计户外自然游戏场所的创意与指导建议。设计时，需要考虑期望的教育效果和儿童户外游戏体验的质量。相关的主题聚焦于户外学习区的价值、多种多样的游戏区域和开放性材料。本章还阐述了自然环境场所的设计标准以及评价幼儿户外环境质量的检查表。

第 3 章讨论了教室的环境创设如何促进儿童理解和感恩自然环境。关于“如何把户外环境带进室内”的具体建议，包括在学习区增加自然材料，在教室里添加动物和植物，摆放亲自然类书籍以及推动儿童进行关于自然的哲学讨论。

第 4 章讨论了在使幼儿的户外游戏具有创造性且富有意义方面，成人所发挥的作用。其重点在于，成人如何通过非指导性的、非命令式的方式支持儿童的游戏和学习活动。本章提供了有关成人在户外环境中促进各种各样的创造性游戏和学习活动时要做什么和不做什么的详细指导建议。

第 5 章讨论了自然环境中的创造性游戏如何促进儿童的整体发展（适应性、审美、认知、社会性、情绪情感与身体）。本章还讨论了惊奇、创造力、想象力和灵性对于儿童整体发展的重要性，以及游戏在自然环境中促进儿童各领域发展的方式。

第 6 章提供了如何将环境作为一个综合背景来实现早期学习目标的建议。其中，列举的一些例子可以说明，成人在有意识地促进儿童的学习和发展时如何做到以儿童为中心。本章也呈现了环境学习的框架，涉及以下领域：①社会性与情绪情感；②好奇与质疑；③环境理解能力；④环境认知能力；⑤责任感与关爱之情；⑥身体健康与发展。

第 7 章聚焦于通过自然游戏活动培养儿童的环保态度和积极的生态身份。本章介绍了“儿童早期可持续性教育”（early childhood education for sustainability，ECEfS）一词，并讨论了为什么“可持续性”对幼儿而言是一个恰当的话题，重点阐述了与同理心、关爱和观点采择有关的倾向与态度。

第 8 章谈及了在让儿童亲近自然的过程中需要特别注意的三个问题：①将有特殊需要的儿童考虑在内；②促进跨文化的理解；③让所有人都更容易地接触自然。

后记部分呈现了一段简短的讨论，聚焦于在自然环境中开展创造性游戏如何有益于创造更加和平的社会。文末还提供了参考文献。

当今社会中的诸多因素（计算机、电视、犯罪、汽车的大量使用，等等）都把儿童从自然环境中隔离开来，传递着“自然是一种供观赏、消费、使用甚至让人忽视的东西”（Louv，2006，p. 2）的观念。关爱儿童和自然环境的成人聚集一堂，有意识地寻找让自然重新回到儿童生活的方法。我们必须这样做，否则儿童就会失去童年的一个关键部分。最终，与自然环境的疏离将会减少人类的丰富经验，降低人类管理自然的能力。我们不要让它成为儿童生命中不可改变的事实，我们要为儿童提供自然场地，让他们去游戏、好奇和体验快乐。

目　录

第 1 章　自然游戏

想想自然，再想想游戏，将二者结合起来，便成了自然游戏！对成人而言，自然游戏可能是在河里或湖中的皮划艇运动、登山、种豌豆，或在沙滩上赤足行走。对幼儿而言，自然游戏可能是制作泥巴派、挖沙坑、在落叶堆里奔跑、让叶子和树皮漂浮在溪流上。

自然游戏并非任意一种户外游戏，因为自然游戏涉及“和”自然一同游戏，而不仅仅是“在”自然里游戏（Erickson & Ernst，2011；Harwood & Collier，2017）。对幼儿来说，自然游戏代表着一种“相合之美”（Wilson，2010），因为幼儿的特征与自然环境及自然材料的游戏潜质非常吻合（Gurholt & Sanderud，2016）。自然环境欢迎真正的游戏——那种最有益于幼儿的游戏！真正的游戏是有趣的，它有无限种可能并允许幼儿自由选择（Stephens，2009）。当儿童与自然环境在一起时，真正的游戏便会自然发生。

虽然我们通常认为，自然游戏要在户外进行，但是这种游戏其实也可以在室内开展。户外环境有助于为儿童提供更多的积极参与自然的机会，但自然材料也可以被带到室内，创设另一种自然游戏环境，这种做法被视为“把户外环境带进室内”。在我们今天的生活中，室内和室外之间往往存在着清楚的界限——墙，这是不幸的。其实并非总是这样，只需要发挥一点想象力，我们就可以找到富有创意的方法，把大自然带进室内，让儿童与大自然亲密互动。

大量研究证明了自然游戏对于儿童的益处，其中埃里克森（Erickson）

和厄恩斯特（Ernst）列举的益处如下。

- 自然游戏激发更高水平的身体活动，让儿童更健康。
- 自然游戏加速大脑发展，让儿童更聪明。
- 自然游戏激发幸福感并增强社会纽带，让儿童感觉更好。
- 自然游戏让儿童提前做好准备去关爱未来赖以生存的自然环境，有益于地球。

最近的研究支持了以往的发现。一项由19所幼儿园，共173名幼儿参与的研究发现，与室内游戏相比，幼儿园户外游戏能够促进幼儿进行更多的社会互动和形式更复杂的同伴游戏（Miranda et al.，2017）。研究还发现，户外活动可以改善幼儿的专注能力，减少他们的问题行为（Swank et al.，2017）。

亲子共同参与的自然游戏活动被证实在提升人际关系、亲近自然、改善情绪状态三方面卓有成效。得以提升的人际关系包括家庭成员之间的关系、幼儿之间的关系和参加活动的家庭之间的关系。与自然更加紧密的联系激励父母在活动之外也能够参与自然游戏。对父母和幼儿而言，在自然环境中的时光减轻了他们的压力，增加了平和感（Ward，Goldingay，& Parson，2017）。

儿童与童年

儿童，根据词典（American Heritage Pubishing，2001）的定义，指的是“介于出生和青年时期之间的人；不成熟的人”。任何曾与儿童共度时光的人都会意识到，这个定义十分肤浅和不完整。

儿童是忙碌的，他们喜欢摸、尝、戳、挖、撕、摇、拉、推、爬。他们充满求知欲，渴望跟随好奇心的脚步。他们善于观察并充满想象，经常看到成人难以注意到的图案、形状和可能性。儿童是热情、敏感

且能干的，同时也是富有哲思的、有灵性的（Schein，2017；Wilson & Schein，2017）。

许多成人忽视了童年的独特性。他们接受词典对于童年的定义，认为童年是“过渡”时期—— 一段用于等待儿童成熟的时期。持有这种观念的成人相信，他们的工作就是让儿童为未来做好准备。这些成人没有意识到，应该重视儿童的本真，以及童年作为个体生活中的特殊时段的重要性。

然而，还有一种浪漫主义的观点认为，儿童是无知的，尤其是在与自然的关系中。一些研究者提出，这种观点不应成为自然游戏活动开展的基础。他们认为，浪漫主义的观点既没有公平地对待儿童的能力，也没有尊重儿童需要参与能够影响其自身的社会活动的权利（Elliott &

Young，2016）。他们也认为，当早期教育者在实践中将自然看作“只是一种次要的客观对象，一种游戏资源”时，其为让儿童亲近自然所做出的努力会错误地强化人类与自然之间二元对立的关系（Elliott & Young，2016，p. 60）。

虽然很难判断幼儿如何看待自然，但他们的一些评论表明，他们几乎不知道自己也是自然的一部分。例如，一名儿童被询问是否喜欢自然的时候，说：“我从来没去过自然那里。”另一名儿童在被询问是否能在后院里找到自然的时候，说：“这是一个蠢问题。”对他而言，“寻找自然”的意思是去丛林里露营或散步。还有一名5岁儿童说他不喜欢自然，因为自然很无聊。对他而言，自然与他的日常经历不同，是一件他必须要了解的东西。

自然游戏的目标之一是帮助儿童理解，他们是自然中不可分离的一部分，自然为我们和很多其他生物提供了生存环境。

创造性游戏

重视自然游戏，首先要理解创造性游戏在幼儿生活中的价值。除了爱和保护，幼儿最需要的是进行真游戏的时间、空间和材料。儿童通过游戏了解自己和周围的世界，通过游戏获得胜任感，并在社会、文化和物质环境方面收获无价的发现。儿童在童年早期需要学习的大部分内容都无法被教授，儿童只能通过游戏去发现它们。

游戏不仅是童年早期重要的学习方式，也是儿童的快乐源泉。事实上，游戏几乎是“快乐童年”的同义词；缺乏游戏将导致健康的儿童变得令人担忧（Siviy，2016）。然而，有些成人认为，创造性游戏没有太大的价值。他们可能认为，扮演游戏确实很可爱，但不如学习读写那样有教育意义。成人有时会好奇：“儿童玩扮演游戏难道不是在浪费时间吗？难道他们不应该了解‘真实的’世界，而非‘想象的’世界吗？”

答案是一声响亮的“不”！

儿童想象的世界帮助他们学习我们称之为“真实的”世界中的许多重要概念。扮演游戏的一个基本概念，是理解一个事物可以代表另一个事物，例如：棍子可以是魔杖，小石头可以是鸟蛋，儿童自己可以是兽医或野生生物摄影师。乍一看，这可能没什么。但是，阅读、书写、绘画、绘制地图、理解和表达想法、计划未来等关键技能都涉及我们用一个事物象征（或代表）另一个事物的能力。这种通过创造性游戏便能轻松获得的技能，对儿童未来的学业成功十分关键。能够在角色游戏中熟练运用象征方法的儿童，更容易接受和使用与数学、阅读和书写相关的符号（Bilton，2010）。

有些人对于游戏和学习之间二元对立关系的认识是基于一种错误的观念，即幼儿的游戏是学习的途径（Bohart，Charner，& Koralek，2015）。作为教师和父母，我们有时需要注意到，“自由游戏和由成人指导的游戏一同被称作‘游戏化学习’，它是一种让儿童以富有乐趣和意义的方式进行学习的教学工具”（Hassinger-Das，Hirsh-Pasek，& Golinkoff，2017，p. 46）。

我们不能教授象征的概念，儿童需要自己去发现和体验。创造性游戏是一种能够让儿童在童年时获得这种概念的合适的媒介。儿童在玩创造性游戏的时候，也会获得其他的概念和技能。他们使用自己的感官，探索周围的环境，解决问题，并把经验内化到思维体系中。

创造性游戏对于儿童社会性发展的益处，包括学习分享、合作、轮流和协商。当儿童参与社会性游戏时，他们将体验到不同人的不同性格、脾气和做事方法。通过这个过程，他们更加了解自己和他人，并学会换位思考。

在与同伴玩假装游戏时，儿童经常帮助彼此集中注意力，从而始终处在角色里（Stephens，2009）。比如，一个孩子假装自己是一条狗，那么他就必须将自己控制在“狗的角色”里。儿童经常提醒彼此如何做到这一点。因为游戏激发了他们的热情，为了不终止或破坏游戏情境，儿童经常会练习自控，学着与搭档或团队合作。

父母和教师表现出对想象游戏的积极态度十分重要。儿童在任何时候都不应该因为玩角色游戏而受到批评或打击。曾有一名儿童因为假装海豚而被教师训斥“演得很傻”。即使已经到了进行另一个活动的时间（比如午餐、放学等），这名儿童的游戏也不应该被贴上“傻”的标签。教师应该用更恰当的方式进行回应，比如，对儿童说：“迪恩，你关于海豚的想法很有趣，也许你可以明天告诉我更多关于海豚的事情。现在，你得洗手准备吃午饭了。”

还有一些父母和教师犯了另一种错误。他们关注儿童在创造性游戏中的行为，然后试图掌控或主导游戏情节。他们的目的是拓展儿童的学习——加入更多的信息（事实），让儿童收获更多的学习成果。成人错误地认为，这能够让儿童的学习经历更丰富。

成人在参与儿童创造性游戏活动的过程中有时确实会促进儿童的学习，但当成人成为儿童游戏的“主角”时，这便很少发生了。成人的态度和行为应当让儿童感到自己是一个有能力的、有趣的、有创造力的个体，而成人掌控儿童自发的活动并不能传递给儿童这样的信息。成人可以为游戏提供材料和主意，但儿童应当被允许保持自己的主导地位。特别是对于角色游戏和其他的创造性活动而言，这一点尤其重要。作为成人，我们应当控制住自己想要“教”儿童如何游戏的念头。儿童的脑中有游戏的动机（Siviy，2016），这似乎与进化有关。

对动物的研究发现，游戏，尤其是追逐打闹游戏，能够促进大脑的早期发育（Hassinger-Das et al.，2017）。游戏让幼鼠的大脑更适合未来的生活（Pellis，Pellis，& Himmler，2014），对其社会技能和执行功能（例如注意力、记忆力和计划能力）的发展似乎尤为重要。爱嬉戏的幼鼠比不玩游戏的幼鼠在社会情境中的行为更恰当（Burgdorf，Panksepp，& Moskal，2011）。这些发现提供了游戏促进儿童的社会功能和大脑结构发展的潜在模式（Hassinger-Das et al.，2017）。

联合国《儿童权利公约》（Convention on the Rights of the Child，UNCRC）承认，游戏是儿童的基本权利之一。《儿童权利公约》第 31 条声明，儿童“有权享有休息和闲暇，从事与其年龄适宜的游戏和娱乐活动”。保护和支持儿童的这项权利是成人的责任。

儿童与自然

除非受到其他事物的影响，否则，幼儿总是对自然界着迷。他们被其他生物吸引，尤其是动物。他们伸手去摘花，把手放到水和沙里，在一堆泥土里挖掘自然宝藏。他们想知道动物在哪里居住、吃什么、如何保护自己。研究结果表明，儿童对自然界的认知和感受与成人不同（Bilton，2010）。蕾切尔·卡森[①]（Rachel Carson，1956，p. 42）提出，儿童认为世界是“新鲜的、崭新的、美丽的、充满了奇迹和令人兴奋的”。至于成人，卡森（1956，p. 42）表示：“热爱美丽和心存敬畏的天性来自明亮的眼睛，但它在大多数人还没有进入成年的时候就已经变得迟钝，甚至消失殆尽。这真是我们的不幸。”

一些人对卡森关于儿童和自然的论述感到惊讶，他们知道蕾切尔·卡森是一名引领环境保护运动的科学家，撰写了许多关于杀虫剂危害自然界的研究性著作。作为一名科学家，卡森用了大量的时间对周围的物质世界进行近距离的、客观的观察。但是，正如上文所述，卡森也对儿童及其体验世界的独特方式进行了思考。她非常重视儿童认识自然的方式，以及自然作为好奇和快乐的源泉对儿童的影响。她认为，应该经常让儿童在丛林或水边散步，无论天气如何。她还（通过和侄子罗杰

① 蕾切尔·卡森，美国海洋生物学家，其著作《寂静的春天》（*Silent Spring*）用文学的方式生动地描述了杀虫剂、除草剂的过量使用造成野生动物大量死亡，引发了美国乃至全世界的环境保护行动。——译者注

的短途旅行）意识到，儿童——即便是小婴儿——对由“自然物”组成的世界有一种接受力，他们在体验和探索自然界中获得巨大的快乐和喜悦。

虽然儿童认识和看世界的方式与成人不同，但不应因此被视为错误或低劣。事实上，成人尊重和赞赏儿童认识世界的方式，并给他们足够的机会在自然环境中游戏和探索，将大有裨益，即尊重儿童和促进他们的整体发展。

幼儿不仅对世界的认识与成人不同，他们还会用不同的方式与自然互动。对儿童来说，自然界不仅仅是一种景色或背景，更是可以用来互动的事物（Irvine et al.，2016；Jansson，Sundevall，& Wales，2016）。幼儿不仅想看，还想摸、挖、戳、摇、敲、倒、闻、尝和“摆弄”。他们想进一步探索和实验。他们想做点什么，让自己忙起来，也正是通过这种忙碌，他们能够了解自然界，也了解自己。

如今，许多儿童都缺少经常亲近自然的积极经验。研究者和儿童发展专家对此十分担忧，并开始调查这种"童年的自然缺失"产生的原因及其后果（Louv，2006）。在《林间最后的小孩：拯救自然缺失症儿童》（*Last Child in the Woods: Saving Our Children from Nature-Deficit Disorder*）中，理查德·洛夫（Richard Louv）讨论了"自然游戏罪"[①]，他认为，这既是儿童从沉浸于自然界到远离自然界的症状，同时也是原因。

洛夫指出，"童年的自然缺失"可以归因于多方面的因素，有些是文化或制度方面的，有些是个人或家庭方面的。文化和制度方面的制约包括诉讼案件频发、与自然的直接接触在教育中被边缘化，以及现代城市的结构。个人或家庭方面的制约包括时间压力、恐惧或担心安全问题，以及过多的屏幕时间。

许多父母还患有"不浪费任何时间"综合征。他们认为，要想成功，儿童就更应当过一种经过精心规划的生活。因此，他们从很早开始就让儿童参加竞技运动、计算机夏令营和其他"丰富的活动"（舞蹈、艺术和音乐课程、"早期科学"等）。他们还迫使儿童在学校里表现出色，尤其重视评级或测验分数。洛夫注意到，"纯粹的游戏"在这种注重成功的文化中被认为是在浪费宝贵的时间。

即便儿童有一些游戏时间，他们也常常是在商业化或计算机化的环境里活动。室内游戏中心正变得越来越受欢迎，如儿童咖啡厅、电子游戏厅、"水宝宝"游泳馆和商业大楼里的攀爬设施。甚至一些自然中心和公园也开始打造精心设计的室内展览和教室，其中一些就包括攀爬墙、人造树和计算机游戏。

---

① 自然游戏罪（criminalization of natural play），即把自然游戏当作一种违法行为，比如颁布自然区域管理细则，禁止儿童在林区和公园里爬树等。——译者注

为儿童设计的“娱乐活动”通常取代了创造性游戏，例如儿童卧室里的电视和视频播放器、家庭里的计算机和娱乐区、全家去电影院看电影或观看体育赛事。虽然这些娱乐形式本身不会伤害儿童，但他们侵蚀了儿童玩创造性游戏的时间与自由。这是一个需要解决的问题，因为儿童需要通过创造性游戏获得整体发展。创造性游戏不能被催促，或被塞进完成家庭作业和准备游泳课的日程安排中。

在商业化和计算机化的环境里停留太久不仅会剥夺儿童游戏的时间，还会把他们与自然隔离开来。这便是引发忧虑的原因，因为儿童需要自然——自然并不是用来学习或看的，而是需要儿童与之互动。正如洛夫（2006，p. 117）所说：“用有意义的方式体验自然是需要花时间的——散漫的、非结构化的、做梦的时间。”

如果不能时常亲近自然，儿童将患上洛夫（2006）所说的“自然缺失症”。这种失调或违和的状态，虽然不是医学疾病，但是与注意困难、感官能力减弱以及更高的身心患病率有关（Louv，2006）。

在自然环境中游戏

自然环境是儿童玩创造性游戏的理想场所，因为自然界能够提供许多可以用于游戏的材料。自然界是不可预测的、真实的，能够让儿童获得丰富的感官体验。自然让户外环境成为游戏的独特场所，自然里总是存在有待探索和发现的事物。自然材料（叶子、棍子、沙子、水等）不仅可以让儿童动手操作，还具有鼓励儿童发挥想象力的作用。

虽然儿童能够在任何地方用任何东西玩游戏，但一些环境和材料相对而言更有益于创造性游戏的开展，我们称之为“游戏潜力”或“游戏价值”。我们还使用“可供性”一词来表示环境中“有意义的行为发生的可能性”，或某个环境的可玩性（Gurholt & Sanderud，2016；Lerstrup & Moller，2016）。在自然游戏中，可供性指的是环境所具备的能够吸引或鼓励儿童进行游戏的条件，如儿童能够动手操作的开放性材料（叶子、棍子、石头等）、可以攀爬的树、可以被握紧的雪、可以玩雪橇的小丘或者可以游泳的沟渠。当儿童的兴趣和能力与环境潜在的可供性相互作用时，游戏行为便产生了（Gurholt & Sanderud，2016）。

对不同环境中儿童的研究表明，与传统的操场或室内环境相比，儿童在“绿色”或“自然”区域中进行的游戏（包括想象游戏与假装游戏）更富有创造性（Cloward Drown & Christensen，2014；Dennis & Wells & Bishop，2014；Luchs & Fikus，2016；Zamani，2016）。一项研究通过比较 5—6 岁儿童在自然（“绿色的”）游戏区域和在传统操场上的游戏行为发现，儿童在自然游戏区域的游戏持续时间比在传统操场上的更长（Luchs & Fikus，2016）。在传统操场上，大多数儿童游戏持续的时间少于 5 分钟，然而在自然区域中，一些儿童的游戏在整整 30 分钟的观察期间里持续进行。另一项研究通过比较学前儿童在三种不同游戏场地（自然、传统和混合）的游戏发现，自然游戏场地有助于促进儿童进行更高水平的认知游戏，因为在自然场地中明显出现了更多角色游戏的主题（Zamani，2016）。

一些研究表明，儿童在自然环境里进行的想象和探索游戏比在传统游戏场所里更多，即使他们是婴儿和学步儿。有一项研究关注了婴儿和学步儿的游戏行为在户外游戏场地绿化前后的变化（Morrissey，Scott，& Wishart，2015）。绿化过程持续 3 个月，在这段时间为游戏场地增添各种各样的自然材料，如树、沙、木头、棍子、石头、树皮和干草。此外，还增添了几个斜坡、一座拱形的桥、一个加高了的平台。虽然在翻新前后，探索游戏都是出现频率最高的游戏，但是用于探索的材料不同。在绿化之前，儿童使用的材料主要是教师提供的人造材料，如积木和球。但在绿化完成之后，儿童自己在地上找到的自然材料（叶子、石头、棍子等）似乎成了许多儿童操作行为的动力。有了院子里的新材料以后，婴儿和学步儿还进行了更多的运动，尤其是在可以进行平衡、空间定位、翻越斜坡和不同高度的区域。

关于在自然环境里游戏的益处，已经有大量且完善的记录。路易丝·乔拉（Louise Chawla，2015，p. 445）在一篇完整的文献综述中写道："与沥青地面、平整的草坪或安装好的游戏器械相比，自然环境为儿童提供了更多富有想象力、建构性，且感知丰富的、有助于促进社会合作的游戏。"自然环境中的游戏促进儿童的健康成长，有助于培养儿童的专注力及其与自然界的情感联系（Elliott，2008；Erickson & Ernst，2011）。自然环境中的游戏还促进个性、社会性和身体的发展。与传统操场相比，自然游戏场地上更少发生攻击性行为和意外事故（Blanchet-Cohen & Elliott，2011）。自然游戏场地的可供性鼓励儿童进行体育活动，这将促进他们的大肌肉运动、身体平衡性、协调性和耐力的发展，还有助于避免肥胖（Sharma-Brymer & Bland，2016；Sobko et al.，2016）。当儿童在自然游戏场地上操作开放性材料（树叶、棍子、石头等）时，他们的小肌肉运动技能也变得更加精细。

自然游戏场地支持想象游戏和假装游戏，并为具有不同兴趣与能力的儿童提供积极参与游戏的方法（Dyment & Bell，2008；Chawla et al.，2014）。户外自然环境还有效地提升了儿童在问题解决与创新方面的能力（Kiewra & Veselack，2016）。

自然环境的另一个益处是其疗愈的作用，这对于如今身处忙碌、复杂、常常让人倍感压力的世界上的人们来说尤为重要。疗愈性的环境能够使人们重新获得适应性能力来满足日常生活需求，如控制冲动的能力和专注于任务的能力。疗愈性的环境也能帮助人们重新获得积极的情绪状态。

不论是对成人还是儿童，自然环境似乎总是比人工环境更具有疗愈性（Bagot，Allen，& Toukhasati，2015；Collado & Staats，2016；Schutte，Torquati，& Beattie，2017）。对儿童而言，疗愈性的环境有助于改善心理健康状况（Chawla，2015），也有助于减轻注意力缺陷障碍和注意力缺陷多动障碍的症状（Bagot et al.，2015；Faber Taylor & Kuo，2011；Ulset et al.，2017；van den Berg & van den Berg，2011）。还有一些迹象表明，感恩自然环境的疗愈作用能够促进亲环境行为的发生（Berto & Barbiero，2017）。

“但是，其中的危险怎么办？”一些人可能会问，“爬树、赤脚走过浅溪和玩树枝对儿童来说安全吗？”关于冒险游戏的研究结果始终表明：儿童需要冒险游戏。冒险游戏是一个普遍现象——尤其是对 4 岁以上的儿童而言（Kleppe，Melhuish，& Sandseter，2017）。冒险游戏满足了儿童与生俱来的发展需求。

冒险游戏是儿童应对自己感知到的危险的尝试。他们被冒险游戏的

奖励——兴奋、成就、喜悦——吸引而来。在一项研究中，儿童最喜欢的冒险活动是攀爬、滑行和打滚，他们最喜欢的游戏地点是一条小溪（Coe，2016）。

虽然减少或消除儿童游戏场所中的危险很重要，但不能夺取儿童的冒险机会，因为冒险游戏对儿童的健康发展十分重要。那种认为冒险对儿童有害的想法是错误的。对儿童真正有害的是危险和鲁莽的行为，而不是冒险（Coe，2016）。

对一名幼儿来说，冒险可能是令他感到兴奋或刺激，也可能是令他受伤的活动。游戏中的冒险活动通常是对真实生活中的冒险行为的模仿（Sandseter & Kennair，2011），涉及好奇、探索、高度注意、恐惧和兴奋（Kleppe et al.，2017）。冒险游戏让儿童理解自己的处境，评价自己的能力，学习如何避免极度的危险。冒险游戏还能提高儿童的平衡能力与协调能力，培养他们的创造力和社会交往能力。儿童需要冒险游戏的挑战性所赋予的能量，进而发现和相信自己的潜能与能力。因此，把儿童置于“没有风险的风险中”是错误的（Connolly & Haughton，2017，p. 106）。

当儿童轻易地被自然环境中的创造性游戏吸引时，你可以使用一些策略来支持这种游戏。从提供多种多样的、儿童能够熟练使用的自然材料开始，如棍子、石头、松果、贝壳、叶子、水、沙等。同时，也要提供挖和耙的工具、用于收集和分类的材料（托盘、桶、盒子等），以及观察工具（放大镜、双筒望远镜）。还可以添加夹纸记录板和艺术材料，鼓励儿童仔细观察并反思自然界。成人在支持自然游戏中所发挥的作用将在第 4 章进一步论述。

相关研究与理论

致力于帮助我们理解自然游戏价值的研究者，包括爱德华 · O. 威尔逊（Edward O. Wilson）和霍华德·加德纳（Howard Gardner）。威尔逊（1984）是美国哈佛大学的一位科学家，他认为，人类与自然之间有着内在的密切关系。他引入了“亲生命性”（biophilia）一词，并将其描述为“与其他生命形式建立紧密联系的欲望”。他和同事提出，亲生命性具有生物学基础，是个体发展的组成部分。亲生命性的概念说明，自然环境中的游戏与幼儿的内在需求相吻合，并且促进了他们的整体发展。

儿童所体验到的亲生命性，远远比一个词语或概念更丰富。它是“每个人内心的宝藏”（Barbiero & Marconato，2016，p. 49）。对儿童的近距离观察发现，儿童所体验到的亲生命性是一种深层次的需求与渴望。例如，一名哭泣、烦躁的婴儿被带到户外自然区域以后变得平静和兴致盎然。她尚不能表达自己对自然的渴望，但她身处自然时的回应说明，她的需求得到了满足。同样地，有时在室内易怒且具有攻击性的学前儿童到户外也能与他人合作。还是那句话，儿童需要户外自然环境。我们也可以把儿童的亲生命性看作一种欲望或力量，就像重力或磁铁一样。把儿童放到户外，他们就会被沟渠、树、蜥蜴或蜗牛吸引，会跑到雪堆、落叶堆或者沙堆里。这就是儿童亲生命性的反映，是自然与儿童天性密切联系的表现。

亲生命性也体现为儿童对其他生物感兴趣并关爱它们。这种兴趣和关爱似乎是不由自主地出现的，我们可以在儿童提问、观察、疑虑，以及关心和同情树和动物等自然元素的方式中发现。对教师来说，在儿童与一棵小树的邂逅中就会明显地发现儿童与自然的联系。儿童的声音会变得温柔，他们叫朋友们一起来看，一起和“树宝宝”说话，就像它是他们的家人一样。他们在树的周围放上苔藓，帮助它抵御寒冷；他们轻声地为小树唱歌，并悄悄地说一些鼓励的话语（Argent et al.，2017）。

儿童对自然的关怀体现了玛莎·努斯鲍姆[①]（Martha Nussbaum，2011）所提出的一种“核心能力”，即与其他物种的联系。努斯鲍姆认为，与动物、植物和自然界共生，关爱它们，与之建立联系，是人类幸福的本质。我们需要自然，不仅因其提供的产品及生态系统服务，“还因为与自然联系、关爱自然的经历是美好生活的一部分”（Chawla，2015，p. 445）。

亲生命性的概念已经被应用到为幼儿提供服务的不同环境中，包括儿童医院。在一项研究中，儿童生活专家认为，亲生命元素是医院游戏房最重要的设计特征（Weinberger et al.，2017）。亲生命元素包括唤起人类与自然的内在关系的材料，例如用于欣赏自然光、自然景色的窗户，以及自然中的色彩和图案。

霍华德·加德纳是美国哈佛大学的一位教育学教授，他也认识到了亲近自然对儿童发展的重要性。在 20 世纪 80 年代早期，加德纳认为，智力测试结果所提供的智力信息十分有限，因此提出了“多元智能”。他最初提出七种智能：语言智能、数理逻辑智能、空间智能、身体-运动智能、音乐节奏智能、人际智能和内省智能。现在，他提出了第八种智能，即自然智能。他说，这种智能的核心是认识植物、动物和自然环境中的其他部分的能力。自然智能还涉及感知自然界的模式，以及与自然元素建立联系的能力（Gardner，1999）。加德纳指出，蕾切尔·卡森很好地证明了自然智能。

拥有强大的自然智能的儿童可能会有以下表现：

- 具有敏锐的感知能力（视觉、听觉、嗅觉、味觉和触觉）；
- 喜欢关注自然元素，并将自然元素分类；

① 玛莎·努斯鲍姆，美国哲学家，关注古希腊和罗马哲学、政治哲学、女权主义和道德、动物权利等领域，她提出的人类的 10 项核心能力包括生命，身体健康，身体完整，感觉、想象力与思考，情感，实践理性，从属关系，其他物种，娱乐，控制环境。——译者注

- 喜欢在室外游戏并参与与自然有关的活动，如园艺、探索自然区域和观察自然现象（例如云的移动、鸟儿的歌唱、刮风下雨现象等）；
- 有能力察觉周遭自然环境中的模式（不同、相似、联系，等等）；
- 对动物和植物感兴趣并关爱它们；
- 享受收集自然材料的乐趣，如树叶、石头、贝壳、种子，等等；
- 了解并关心自然界的状态；
- 轻松地了解与自然物有关的新信息和理解生态学概念。

根据加德纳的理论（1999），每个人都不同程度地拥有每种智能，但是文化和经验在某种特定智能的发展中起到了一定的作用。每种智能都需要相应的、具有刺激性的物理和社会环境，才能获得最大程度的发展。

自然环境中的创造性游戏让自然智能得以快速发展。自然环境学习的核心并不在为儿童提供的信息之中（外界呈现的知识），而在儿童与自然界的互动之中。这种学习方式有时被称为“环境本位教育”或“地方本位教育”，以在自然中的直接经验为特点（Blair，2009；Louv，2006；Sobel，2004b）。“地方本位教育的基本观念是，优先把包括自然在内的社区作为教室。”（Louv，2006，p. 204）这种方式已经被证明有效——不仅可以促进儿童自然智能的发展，而且能够提高他们的学业成绩（Blair，2009；Eick，2012；Lieberman，2013；Louv，2006；Sobel，2004b）。

成人可以通过多种方法来培养儿童的自然智能，包括鼓励儿童收集自然材料（种子、石头、叶子、花等）；仔细观察院子里、社区公园里不同种类的动植物；阅读有动植物照片的书籍或杂志；参与有关自然的活动，如园艺、远足、攀爬、探索等。幸运的是，由于拥有亲生命性，幼儿天生就与自然界有着内在的密切关系。久而久之，在适宜的条件下，这种亲生命性的情感会变成“刺激自然智能发展的学习之源”（Barbiero & Marconato，2016，p. 50），这对儿童和自然界都非常重要。

“自然智能使得自然环境和儿童之间得以建立强有力的联系，它让儿童重视自己的行为对自然的影响。”（Barbiero & Marconato，2016，p. 50）

让儿童亲近自然的观念对于早期教育工作者而言并不新鲜。无论是正式的机构（学校）还是非正式的机构（如儿童博物馆）里的教育者，早已经在过去的许多年里把自然作为儿童学习的主题、背景和动机。然而，当今社会对计算机、视频、教育电视节目和其他市场上包装好的玩具材料的使用，以及对于基于“书本学习”的测试的强调，大大减少了教育活动中儿童与自然的联系。

一些教育模式背后的理论与研究都支持回归自然，与自然环境建立更紧密的联系。这些模式背后的理念是，幼儿与自然有诸多共同之处。在细心的培育中，二者都将获得更好的发展，并且都能令人生发兴奋感。

幼儿园运动的发起人福禄贝尔（Froebel）认为，“儿童的花园”是最恰当的幼儿教育场所，并且他所开发的课程正是基于儿童对游戏的内在需求。福禄贝尔认为，室内外的环境和活动都应当被精心地计划和安排，应当聚焦于儿童与自然界的互动。福禄贝尔鼓励儿童种植和浇灌种子、经常到自然环境里散步，儿童在这些活动中可以和教师一起探索自然界，同时大量的开放性材料支持儿童进行建构和实验。福禄贝尔创造了“kindergarten”一词来表示儿童的花园，这是一个儿童可以投入自然并通过创造性游戏表演真实世界的地方。他相信，这可以促进儿童智力的发展（Bruce，2012；Ulset et al.，2017）。

倡导在自然环境中进行学习的其他教育理论家还包括杜威（Dewey）、卢梭（Rousseau）和蒙台梭利（Montessori）。他们的哲学思想基于这样一种理解，即自然界是教育儿童、滋养心灵的最佳资源之一。不幸的是，今天的许多儿童早期教育活动反映的却是一种非常不同的关注点，强调抽象的间接经验，而不是具象的直接经验。

但是人们已经开始担忧。理查德·洛夫的《林间最后的小孩：拯救自然缺失症儿童》（2006）出版后，我们见证了一场“让儿童到户外去”的国际运动——不仅仅是为了娱乐，还为了教育。关心儿童和环境的教育者和其他成人在思考：“怎样才能让儿童不用花时间在户外就能了解自然并与之建立充满关爱的关系呢？”

惊奇感

惊奇感通常由美妙的、神秘的事物激起。惊奇通常和疑惑有关，疑惑是指渴望弄清楚某些事情，这使得人们对涉及身份、目的、关系的

“大问题”进行反思。对幼儿而言，惊奇感成为他们探索、解释和创造意义的动力（Jorgensen，2016）。

蕾切尔·卡森相信，儿童天生就有惊奇感，它是“接下来的岁月中的万能解药，专治无聊和失望、对人造事物的冷漠和对我们力量源泉的疏远”（Carson，1956，p. 43）。为了保持惊奇感，儿童需要经常在充满美与多样性的户外自然游戏区域里进行自由且富有创造性的游戏。他们需要丰富心灵的经历，从而成为完整的人。只有以自然界为媒介，他们才最有可能拥有这样的经历。此外，与自然有关的经历还能培养儿童萌芽中的惊奇感，这种惊奇感是知识的主要来源之一。事实上，在某些时候，我们可能会发现，只有通过惊奇，我们才能了解真正的世界。我们还可能发现，只有通过惊奇，我们才能体验到完整的人意味着什么。

第 2 章　户外自然游戏场所

栽培花草和树木就是培养人的善良、美丽与高贵。

——朱利叶斯·斯特林·莫顿[①]（J. Sterling Morton）

我们在谈论为幼儿设计的户外区域时，经常使用“游戏场地”（playground）一词。但不幸的是，许多这样的游戏场地并没有支持创造性游戏，并且经常缺乏“土地”（ground），从而使得“游戏场地”一词没有准确地描述其所提供的内容。传统意义上的游戏场地会提供“器械”，如秋千、滑梯、攀爬架。许多游戏场地的地面是沥青或某种人造草坪，这类游戏空间完全不能符合满足儿童整体需求的标准。儿童所需要的绝不仅仅是器械，他们需要探索、实验、操作、创造和了解自然界的机会。儿童还需要一种能够感受到自己很有能力、受到尊重的环境。他们需要一种让他们获得美感、唤起好奇心和激发想象力的环境。儿童更喜欢“在灌木丛下面玩耍”（Wilson，2004），而不是在传统游戏场地的器械上玩耍，这是有原因的。而很大一部分原因在于，儿童有创造自己的游戏空间的需求。它们经常被接合或者固定在一个地方，不能任由儿童重新安排。游戏场地上的器械的另一个缺点是缺乏通用性——被设计用于某种既定的方式，而不能提供多种可选择的用法。

缺乏通用性极大地限制了器械和材料的游戏潜力或游戏价值。聚焦

① 朱利叶斯·斯特林·莫顿，美国植树节发起人。——译者注

于不同类型的围栏的研究证实了这一观点。埃利奥特（Elliott，2008）在报告这一研究的时候说明了，儿童建造围栏的游戏比成人的建造活动“更持久、复杂和具有创造性”。成人建造的围栏通常使用整齐划一的材料（例如质地统一、长度预先设定的木板），而且往往只有一个出入口（一个装有铰链的门）。这种围栏反映了唯一的目的——例如游戏房——而且经常配备成人选择的玩具（如小桌椅、玩具餐具等）。

相反，儿童建造围栏时使用的是手边一切可用的材料，例如树枝、木材、树叶和一大块布料，它们被用于不同的游戏目的（例如假装成洞穴里的动物、在树林里野营、有一个秘密藏身处等）。儿童建造的围栏经常有多个出入口，便于儿童进行更多的活动，引发更多的想象。在儿童建造的围栏中，他们自主选择使用多种多样的自然材料作为游戏玩具，并且似乎很享受掌控自己的游戏场所的感觉。

儿童渴望进行选择、挑战和练习他们的想象力。在只提供简单、固定的游戏单元的游戏场地上，面对器械所提供的有限选择，儿童往往会进行更多冒险性和挑战性的活动。在一个提供很少选择的游戏场地上，他们会从高处往下跳、从下往上爬滑梯，或寻找其他方式来试探人与材料的极限。

除了这种“试探极限”所带来的安全问题外，由秋千、滑梯和跷跷板组成的标准游戏场地还有其他缺点。这种传统的设计不能提供恰当的机会，来满足发展中的儿童不断变化的需求。

标准的游戏场地无法支持儿童的角色游戏和对自然环境的探索。这种游戏场地的设计倾向于引导儿童进行大肌肉活动，无法提供刺激儿童进行其他类型活动所必要的材料。这种环境中的游戏无法实现复杂性的螺旋上升，因此严重局限了儿童的学习潜力，这对儿童的行为会产生消极影响。在只有器械可玩的游戏场地里，儿童往往会变得更具有攻击性、更无聊，更少玩创造性或合作性游戏。只有器械的游戏场地为争吵提供了平台，而且只能为大部分在户外活动的儿童提供有限的积极体验。

儿童需要和想要什么

儿童需要一种根据他们内心的需求和兴趣设计的游戏场地。事实上，在计划户外游戏空间的时候，应当认真地征求并尊重儿童的观点。当儿童被询问自己最喜欢的地方时，他们倾向于列举自然环境和自然因素，如河流、森林、田地和湖泊。他们还提到有特定用途的小地方，如青蛙池塘、可以攀爬的树、灌木丛下的藏身之处、沙滩。对一些儿童而言，这些地方是遇到麻烦时的避难所（Chawla，2015）。沟渠也被认为是幼儿户外游戏场地设计中的重要元素（Lerstrup & Moller，2016）。

不幸的是，在设计儿童游戏场地的时候，自然环境的作用甚至在很大程度上根本没有被考虑。在多数例子中，户外游戏场地可能是早期教育活动里最受忽视的地方。

但幸运的是，这种情况正在改变。越来越多的个人和组织正在呼吁重视幼儿户外游戏场地质量的重要性，其中就包括了接触自然。这些个人与群体的行动是出于对儿童整体发展，以及人类与自然界建立联系的方式的关心。因此，他们在充分考虑儿童与环境的权益后，设计了“特别的地方”。这类游戏场地有的被称为“自然环境区”“儿童的花园”或“自然游戏空间”。还有一些为儿童提供的“特别的地方”很少或根本没有成人参与“设计”或建设。它们是保留了自然状态的自然场地。森林幼儿园或森林学校就是人们使用这种自然场地的好例子。

森林幼儿园是一所森林中的幼儿园，这里的教育活动几乎都在户外自然场地中进行。森林幼儿园通常服务于 3—6 岁儿童，并且强调让儿童与自然环境建立积极的联系。森林幼儿园中使用的材料基本上是自然材料，这与那种商业化生产的“教育材料”形成鲜明的对比。例如，用树叶和其他自然材料画一幅画或制作一个拼贴画，用棍子而非积木来建造公路或者桥梁。

德语中的“幼儿园”是“Waldkindergarten”，其中“Waldkinder”意

为“森林中的儿童”。斯堪的纳维亚语中的“幼儿园”一词是“naturebornehaver”，意思是“自然幼儿园”。这里的儿童在丛林或草地中游戏，学业不是课程的重点，自由游戏、创造力、社会交往和情绪稳定才是重点（Knight，2009）。无论什么季节、什么天气，都让儿童在户外度过相当长的时间，是斯堪的纳维亚的文化传统。斯堪的纳维亚人对儿童和冒险行为的态度比其他国家的人更开明，因此在幼儿园里看见幼儿爬到很高的树上、用刀削树枝和在火堆上烹饪食物是很常见的（Knight，2009）。

在英国，“森林学校”最早建立于20世纪90年代。有关研究表明，这些学校有效地培养了学生的自尊心、自信心和良好的情绪状态。有些案例表明，这对个别儿童影响巨大。奈特（Knight，2009）在报告中描述了一名焦虑的4岁男孩，他一开始甚至都不敢在木头上保持平衡，但是到第 10 周的时候，他已经能够在木头上自信地跑向一棵树并爬上去了。奈特还看到了一名有语言障碍的儿童在丛林里找到自己的声音，并自信地表现她杰出的讲故事技能。森林学校也有助于改善儿童的专注力、坚持性、合作能力和积极性（Knight，2009）。在一定程度上，基于这项令人信服的研究，现在的“早期奠基阶段”（Early Years Foundation Stage）（英格兰 0—5 岁儿童保教机构法定课程框架）要求所有机构承认幼儿户外学习的重要性。林业委员会（Forestry Commission）还被委任支持全英的森林学校（Knight，2009）。2012 年，森林学校协会（Forest School Association，FSA）在英国建立，美国最近也成立了自然与森林幼儿园委员会（Council of Nature and Forest Preschools）。这两个组织都为自然机构中的幼儿工作提供相关信息和专业发展机会。

自然幼儿园或基于自然的幼儿园与森林幼儿园有很多共同之处。它们的核心工作都是让儿童亲近自然，让儿童在户外度过相当长的时间。自然起点联盟（Natural Start Alliance）提出，要成为自然幼儿园，“幼儿园必须以自然为核心，基于高质量的儿童早期教育与环境教育实践，为儿童环境素养的发展奠定基础”（Natural Start Alliance）。

虽然许多儿童早期教育活动也使用自然元素来促进儿童的学习与发展，但是自然幼儿园对自然元素的使用更为广泛。自然幼儿园之所以是一种“特殊的幼儿园”，是因为它承诺通过让儿童融入自然、与自然为伴的方式来推动发展目标和教育目标的实现。此外，自然幼儿园还致力于培养儿童对自然界的关爱之情（Nature Start Alliance）。

设计时考虑的因素

当然，所有儿童都应当接触丰富的学习环境，其中就包括自然环境。自然环境是儿童的自然栖息地（Wilson，2016）。从教育上来说，有效的方式是，在开始为幼儿设计学习环境时问一问自己，我们想让儿童在这种环境中学习什么和体验什么。就户外环境而言，我们也许可以从下面这个期望结果列表开始。

我们想让儿童：

- 对自然界感兴趣；
- 理解自然界中的相互关联性；
- 对独立与合作探索感兴趣；
- 能够密切地观察；
- 愿意冒险；
- 具有自主性和安全感；
- 具有欣赏美的能力；
- 具有对生命体的关怀之情。

我们还希望儿童体验惊奇、愉悦、兴奋，拥有“接地”或“触地”的机会。在这种语境下，“接地”和“触地”指的就是字面意思，即让人类的身体与土地进行直接接触，土地上可以是泥土、沙、水、草、泥巴或其他自然元素（Duncan，Martin，& Kreth，2016）。

在确定期望结果后，我们要考虑如何设计来实现这些结果。让我们从遵守指导原则开始，即户外环境“与室内环境同等重要，也应当其有与室内环境相同的计划、管理、评价、资源配置、人员配置和与成人的互动”（Bilton，2010，p. 94）。在这之后，我们可以把注意力转向下列三个区域：①不同类型的游戏场地和指定的游戏区域；②学习区；③过渡区域。户外环境也应当具有可变换性和灵活性，包括各种各样的自然元素，为儿童提供吸引他们积极地投入自然的机会（National Arbor Day Foundation，2007）。

户外游戏场地中的许多自然元素都应当作为可以被操作、改变和移动的开放性材料（例如石头、叶子、细枝、松果等）。请记住，丰富的户外学习环境不仅仅意味着把室内的材料移到室外。

不同类型的游戏场地

设计良好的户外游戏场地有两个重要特征：为活跃的肢体游戏提供的开阔场所和为休息、观看或进行相对安静的活动提供的受保护的安静场所。如格林南（Greenman，2005）所说，儿童的户外环境还应当提供让儿童成为人、进行创造性游戏与建构游戏以及有着丰富的机会进行自然游戏的地方。

为儿童提供的场地上应当有遮盖物，有可以观看、好奇、独处的地方，也有休息、进餐、便利地更换尿布和如厕以及探索和产生不同感觉的地方（晴朗、阴凉、微风徐徐或寂静等）。进行创造性游戏和建构游戏的场地应当为儿童提供建造、使用设备（小手推车、挖掘工具、滑轮等）、进行不同形式的创造性表达（绘画、使用黏土等）和假装的机会。进行自然游戏的场地应当提供挖掘、玩水、种植、养动物的地方，收集和搬运的机会，以及练习测量的地方（测量降雨量、气温、风速、影子的长度等）。

这些不同类型的游戏场地可以相互重叠，而且都应当包括一些自然元素。每一个场地里都应当有树或其他种类的植物。在选择植物的时候，必须小心避免那些可能有毒或以其他形式会对儿童造成伤害（如尖刺）的植物。

指定区域

在提供不同类型的游戏场地时，还应当考虑特定的游戏区域。以下是五个备受推荐的区域：自然区、探索区、运动游戏区、安静游戏区以及安静休息区。为了促进自然游戏的开展，以上每一个区域都应当有各种各样的自然元素。

自然区的特征是自然元素，如树、水、卵石、灌木和不同种类的植物。自然区里还可能有让儿童爬的土堆、让儿童自由挖土的挖掘区，以及沙坑、花床、蔬菜、给小鸟洗澡和喂食的区域、降雨量测量仪和风向

袋。在理想的情况下，自然区也会包括野生动物（如鸟、蝴蝶、蟾蜍、蜗牛和蚯蚓）。在天气条件允许的情况下，这个区域还可能包括宠物兔子或天竺鼠。在自然区域中开展的创造性游戏经常采取以下形式：角色游戏（例如，假装是一只动物、一位园丁或探险家）、用自然材料（干草、种子、叶子等）做拼贴画、用不同的材料做实验（例如把水和沙混合、测量一篮子石头的重量等）。

探索区是为更加活跃的游戏而设计的，这些游戏往往能提供丰富的建构机会。探索区里有各种各样的建筑工具和材料。不需要有铁锤和钉子，因为积木、被抛光过的木块、旧自行车轮子、乙烯基沟槽、石头和木板就能很好地发挥作用。这个区域中的创造性游戏包括搭建坡道、桥、围栏、墙、洞穴。增添一些自然材料，如木棍、一堆叶子、树枝和沙，便能极大地提升这个区域的游戏价值，鼓励儿童积极地亲近自然。例如，儿童可能会决定建造洞穴和巢，以及公路与栅栏。

运动游戏区为奔跑、跳跃、滑行、使用有轮子的玩具和玩球（踢球、扔球、抓球、拍球和滚球）等活动提供场所。为了支持这些活动，运动游戏区应当有硬地面区域、草坪或其他软地面区域。使用有轮子的玩具和拍球适合在硬地面区域，而“追逐打闹游戏”（例如跳、跑、摔跤、打滚）则适合在软地面区域。这个区域中的创造性游戏可以有很多不同的形式——从用带轮子的玩具做“火车”，到“变成”野马在丘陵区上下奔跑。

安静游戏区提供了运动游戏以外的另一种选择。一些儿童对“追逐打闹游戏”没那么感兴趣。他们可能更喜欢不那么激烈的扮演游戏，比如玩过家家，假装在办公室、商店、兽医诊所工作。他们也可能喜欢在户外绘画，在人行道上画粉笔画，或者用黏土捏造不同的形状与人物。安静游戏区应当提供各种各样的艺术材料和扮演道具，还要有小桌子或

工作长椅。大的树桩或原木也可以被用作工作区域。为了鼓励这一区域的自然游戏，可以增加一些树叶、花瓣和其他与艺术有关的自然材料，还可以提供园艺小工具、草帽、稻草（散乱或打包的秸秆）、花盆和松果等扮演游戏的道具。

安静休息区也是运动游戏以外的一种选择。一些儿童在身体运动、大量的社会交往中很容易感到疲劳。对他们来说，安静休息区会让他们感到很舒服、很安全。儿童会在一个较少需要身体或社会活动的特殊区域里感到安全。安静休息区永远都不应被用于惩罚儿童，它永远都应当是儿童自主选择的区域，儿童在这里时应当受到尊重。

安静休息区可以被用来满足一个或多个儿童的需求。儿童可以在这里阅读、讲故事、吃午饭或点心、开班会，或者只是休息和观看。安静休息区可以被设置在树荫下，应当提供吸引人的壁龛和小长椅，并为婴儿和学步儿提供毯子，还可以放凝视球、风铃和风向袋。装着各种各样的自然材料和其他独特材料（贝壳、松果、弹珠、卵石、种子荚、大纽扣等）的美丽容器（如篮子、木碗等）能提高儿童的兴趣，并鼓励他们进行创造性的游戏活动。

虽然不同的游戏区之间应该有某种范围或界限，但是它们不应被视为独立的单元。不同区域之间的通道应该显而易见，而且易于走动。儿童应当可以自由地从一个游戏区域到另一个区域转移活动与材料，这有助于鼓励儿童生发自己的想法和发挥自己的想象力（Bilton，2010）。

区域之间的界限可以由地面材质的改变、地面高度的不同，或者由灌木或其他种类的植物来呈现。对婴儿而言，一条长满小草的小径便可以成为安静游戏区和沙坑的界限。婴儿爬过小径，发现一个他们在安静区域游戏时看不到的沙坑，便会体验到意外或愉悦之情。

学习区

户外环境中除了游戏区域，还应当提供多种多样的学习区。它们是儿童进行学习的区域，每个学习区都有一个主要的活动类型（例如艺术、角色游戏、积木建构等）。典型的学习区包括艺术区、积木区、角色游戏区和阅读区。其中的一些学习区可以被安排在小车上，这样它们便可以被轻易地转移到室内，车上的材料由此不会因天气而受到损坏。

也许这些学习区中最重要的就是角色游戏区了。角色游戏鼓励儿童进行不同方式的创造性活动和社会性互动，帮助儿童了解自己和他人，激发儿童的重大发展和学习能力，如合作、谈判、分享、讨论、参与和总结的能力。户外角色游戏区还具有一些室内所不具有的因素，包括更大的开放空间、不同类型的开放性材料。这些都能激发儿童的想象力，并鼓励他们扮演新的角色。

角色游戏需要每天都可以玩，但是，其形式应当定期更换。角色游戏的形式受到道具和空间的影响。户外角色游戏区可以是在阴凉的树下、眺望台上、平台上、安静游戏区里、自然区域里，或在探索区域中。虽然道具可以被巧妙地放置于特定的区域，但是儿童应当被允许在不影响其他儿童游戏的情况下自由地移动它们。

一些学习区也许可以被并入特定的游戏区域，例如安静游戏区中的艺术区。其他的学习区则可以被暂时放入某一游戏区域，然后在下一次被移到另一个区域。例如，这一次将角色游戏区设置在自然区域里，为儿童提供“野营活动”，下一次则可以将它设置成探索区域里的“修配车间”。

户外学习区的一个不便之处是，器械和材料的保养和存放问题。在许多活动中，用于户外学习区的材料需要在一天结束后被存储到其他地方。这不仅很耗时，而且会中断活动的进行，还可能会让想要“从上次放下的地方捡起来”的儿童感到失望。

在一个例子中，几名儿童在探索区建构了一个由公路、公交站和时

间公告表组成的巴士交通系统。儿童把一个手推车系在三轮车上就成了公交车。地上有仔细画好的巴士通路，还有一个被装在三轮车把手上的用来收集车票的盒子（硬纸板做的信封盒）。在儿童创造了这些角色游戏道具以后，很快就到了进屋准备放学的时间。带轮子的器械必须被移到仓库里；标识和巴士通路需要被保护，以免受天气影响；纸、硬纸板、记号笔和铅笔都被收回了室内。

第二天，当儿童回到室外的时候，前一天创造的巴士交通系统了无痕迹。一名儿童问同伴："想再玩一次巴士游戏吗？"同伴回答："不，我不想玩。"如果"巴士交通系统"在原位得以保存，或者可以较为容易地重新装配，那么儿童的回答可能会完全不同。前一天所发生的事情的可见迹象也许可以推动儿童继续玩巴士游戏，从而促使他们的游戏上升到另一个思考和互动层面。

找到一种可以让游戏持续进行的方法十分重要。儿童在前一天开始一个游戏后，第二天不需要从头开始就能继续进行游戏。建构主题并探索不同的材料和布置场景是需要时间的。每天更新的场景限制了儿童使用材料和调整活动的方式。在较长的时间里保持一个兴趣对儿童而言是一种很好的激励，可以深化儿童的思考，培养儿童更高级的问题解决技能。

为了最大限度地减少对活动的干扰，一天结束后的清理和存储应当

尽可能平稳地进行。用来保护可移动器械（自行车、小手推车、球、铁铲、水桶等）的棚子或其他储藏场所很重要，它们应当足够大，以便能够以有秩序的、容易取用的方式来存储材料。画出停放带轮子的器械的区域，有助于避免堆砌和推攘。架子、挂钩和耐用的储物盒、篮子可以增加秩序感。带架子的推车能够在需要的时候帮助移动材料，比如一个机构曾经使用一辆老旧的图书馆推车。

对游戏情节的记录也有助于将前一天和后一天的游戏连接起来。这种记录可以采取拍照、素描、文字记录的形式。让儿童参与记录可以调动其积极性，而且富有教育意义。除了记录一些游戏活动和在游戏中的发现，还可以记录儿童所提出的第二天的游戏计划。例如，"我们明天玩巴士游戏的时候，我一定要在加油站停一下。我要加油，还想把窗户洗一下。"

过渡区域

过渡区域在户外游戏场地的布局中也很重要。经过精心的设计，过渡区域能够促使人们从一个区域向另一个区域移动。在理想的情况下，在不同空间之间的移动会使人感受到身体和情绪上的流畅感。

结构合理的通道代表了有助于儿童从一个区域转移到另一个区域的过渡区域。但是通道可以有更多的功能。事实上，通道本身也应当是游戏的一部分，它们应当支持儿童的大肌肉运动。这可以通过提供不同类型的地面和斜坡，或者增加台阶和扶手来实现。为了增加趣味性，可以将踏板石、隧道、厚木板、长椅和花盆用于通道的设计。儿童可以帮忙制作马赛克踏板石。

庭院和门厅代表另一种过渡区域。可以使用窗户和拱门来连通室内外，方便儿童在室内和室外之间的移动。

可转换性与灵活性

户外环境可以鼓励儿童进行操作和变换。成人与儿童应当有机会重新安排、创造环境的不同方面。这种可转换性与灵活性有助于促进儿童的创造力和问题解决能力的发展，并且通常需要使用开放性材料——创造性游戏的核心。

开放性材料是儿童可以自己进行操作和移动的材料。它们可以是简单的自然材料，如树皮、小石头和种子，也可以是真实的建筑材料，如木块、金属丝、塑料网、皮带或“粗绳子”。传统的游戏场所很少有开放性材料，因为它们通常很乱，也就是说，它们很难在户外环境中保持干净、整齐。但是如果没有开放性材料，创造性游戏将受到极大的局限。

开放性材料对游戏区域和学习区的成功创设尤为关键——对室内和

室外环境来说也是这样。开放性材料为游戏单元增加了复杂性和多样性。游戏单元是有游戏物品的指定区域，可以有有形的边界，也可以没有。存在有形边界的游戏单元，如自行车道、沙盒和玩水桌；没有有形边界的游戏单元，如 1.52 米长木头周围的区域。复杂性是游戏单元质量的一个方面，即该游戏单元的游戏潜力可以被操作或改变的程度。

游戏单元的复杂性可以被评为三种水平：简单、复杂和非常复杂。简单的游戏单元仅有一种明显的使用方式，并且没有可用的开放性材料或辅助材料。传统游戏场所中的大部分器械（秋千、滑梯、攀爬架）都代表着简单的游戏单元。这种游戏单元为创造性游戏提供了很少的可能性。复杂的游戏单元包括两种不同的游戏材料，允许儿童进行一定的操作。例如，一个放着塑料杯子的沙盒，儿童可以装满和倒空杯子，也可以把沙子从一个杯子中倒入另一个杯子中，还可以用手抓起沙子装到杯子里。这种复杂游戏单元允许儿童进行一定程度的即兴创作。在复杂游戏单元中增加一个或多个游戏材料，便可以将其转化为非常复杂的游戏单元。例如，在一个装着塑料杯子的沙盒里放入漏斗和筛子，便将复杂的游戏单元转化到非常复杂的水平。增加复杂性（从简单到复杂再到非常复杂）能够提高创造性游戏的潜在可能性。

只有大型器械的游戏场所往往无法发生复杂而丰富的扮演游戏和探索活动，因为这种环境倾向于引导儿童开展大肌肉运动活动，缺乏刺激扮演游戏或建构游戏开展的必要材料。只有大型器械的游戏场所不能实现游戏复杂性的螺旋上升，其游戏价值与学习潜力因此受到极大的限制。

多样性是提高游戏单元的潜在可能性的另一个因素。游戏单元的多样性与儿童在参与相关游戏活动时所获得的经验有关。例如，沙盒中的杯子可以让儿童装满和倾倒。增添更多容器，例如塑料瓶子和小桶，虽然增加了材料的数量，但并没有为儿童提供更多样的经验。儿童仍然只会进行装满和倾倒活动。但是，添加漏斗和筛子则能为儿童提供多种体验，再添加一个装满水的喷雾瓶将进一步增强游戏的多样性。

在选择开放性材料时，应当考虑复杂性和多样性。对于创造性游戏而言，自然材料（树枝、树叶、石块、种子、草、花、豆荚、贝壳、苔藓）就很理想，因为它们增加复杂性和多样性的潜力几乎是无限的。

场所感

在为幼儿设计户外游戏场所的时候，还要考虑它如何帮助儿童获得“场所感”。“场所”一词在这里不仅指地理意义上的地点，也指因某些因素而使这里具有某种特征的地方。这些因素在儿童的环境里通常包含独处（在帐篷或其他庇护所里）、探索和操作的机会。复杂性、多样性、沉浸在自然界中或与自然界进行直接互动的机会，以及体验“魔法瞬间”的机会都有助于儿童体验“场所感”。

基于场所的教育聚焦于：①关联感的培养；②情感依恋的形成；

③特别场所的创设（Judson，2017）。关联感是人类与周围环境产生联系并与之互动的内在渴望。亲生命性就是这种渴望的生态学表现，它反映在儿童对自然界的迷恋之中。儿童似乎渴望亲近自然，与自然共情。我们可以让儿童通过触摸、挖掘、闻、尝、泼、听和探索来积极地接触自然，帮助他们形成和发展这种关联感（Judson，2017）。

从很小的时候开始，儿童就与其周围环境中的人和物形成情感依恋。这种依恋反映在儿童的需求中，比如午睡或到新环境中时想要抱着自己的小毯子或泰迪熊。对事物的情感依恋可以给儿童带来安全感和归属感。为了建立与自然的情感联系，儿童需要经常在自然环境中获得积极经验。他们需要花费时间从个人层面去理解他们周围的自然环境中的某个特定方面。我们可以通过为儿童提供许多了解和观察当地自然环境特征的机会，来帮助儿童强化他们与自然的情感依恋。近距离观察可以让儿童看清自然界，并帮助儿童获得场所感（Judson，2017）。

对于特别场所的创设表现为儿童喜欢用自然材料建造帐篷、城堡和其他封闭式的空间。搭建小窝的行为常见于童年中期，而寻找小窝的行为常见于更小的儿童。高高的灌木丛、圆形藤蔓帐篷和硬纸板或木质盒子，都可以被幼儿直接用作庇护或躲藏的地方。儿童经常假装自己是动物，把这种庇护所当成他们的巢穴。创设和宣布自己的特别场所有助于儿童找到自己在世界中的位置，支持他们与自然的情感联系（Judson，2017）。在童年时期形成具有生态意义的场所感，能够为儿童未来长期持有关爱自然的观念打下基础。

场所感在儿童自我意识的发展中也具有重要作用（Elliott，2008）。温暖的、滋养人的、激励性环境会示意儿童，他们是有能力的、重要的，人们理解并尊重他们的学习方式。相反，无聊的、无序的或者贫瘠的环境可能会向儿童传达“他们不重要、无能或者不受尊重”的信息。这种信息会强烈地影响儿童将自己视为怎样的学习者和探索者。

对大部分幼儿而言，他们最先了解的公共场所就是幼儿园或小学。

社会对学校建筑和地面的检查，通常聚焦甚至仅仅集中于安全问题。然而，如果能够考虑环境的其他方面，尤其是户外环境的质量，将大有裨益。

培养儿童的场所感，除了可以通过保留或创造学校周边的自然区域让儿童沉浸在自然中，还可以通过让儿童对空间或场所进行个性化改造，让环境的一些方面为儿童所独有。在太多的例子中，学校环境本质上往往是制度化的。儿童在这种环境中很难感受到这个地方“属于”他们。鼓励儿童创造、改变和个性化改造空间和场所可以抵消学校环境中的一些普遍元素，培养儿童的归属感。种类多样的开放性材料——包括自然材料、其他艺术材料、建构材料——有助于引发儿童创设反映他们的兴趣和能力的地方。

成人可以围绕个性化改造环境的想法组织一些活动。例如，曾经有一所学前教育机构创设了一座“字母花园”，花园里的每一盆植物都对应儿童名字的首字母，如豌豆（peas）对应帕姆（Pam），胡萝卜（carrots）对应辛辛（Cindi），草莓（strawberries）对应斯坦（Stan）等。个性化改造某个地方并帮助儿童对那里产生“所有感”，也可以通过让儿童持续地参与改进和爱护环境来实现，例如帮忙给植物铺覆盖物和浇水、清理鸟池和喂鸟器、堆置肥料和耙地等。

认证的方法也可以培养儿童对某个地方的情感。“认证”在这里指的是以某种方式向大家突出呈现某一特定的地方。例如：曾经有一所学校将绘有他们的花园的插画作为节日问候卡；还有一所学校通过全国野生动植物联盟完成了“野生动植物栖息地”的认证过程，并邀请当地报纸和电视台对他们的成就进行报道。

指南与检查清单

《儿童早期环境教育项目：卓越实践指南》（Early Childhood Environmental Education Programs: Guidelines for Excellence）表明，儿童应当每天都有机会在令人兴奋的环境里进行户外游戏（NAAEE，2016）。然而，一次对游戏场所器械和材料的盘点发现，许多这类环境并没有那么有意思。它们主要为大肌肉活动而设计。儿童需要练习他们的肌肉和自由且大声地玩耍，但是他们的户外环境应当不止如此。令人兴奋的户外环境能够促进儿童在所有领域的发展，并让他们投入自然之中。有趣的户外环境具备自然的、开放的特征和材料，鼓励儿童去探索、冒险、调查和与人沟通。它还鼓励各种各样儿童主导的游戏，如角色游戏、主题游戏、合作游戏、运动游戏、想象游戏、建构游戏（Morrissey，Scott，&

Rahimi，2017）。乔・佛罗斯特[①]（Joe Frost）是一名儿童游戏与户外环境专家，他将优质的游戏环境描述为“拥有超越当下，超越乏味和超越平常的神奇特质”的地方（Frost & Sutterby，2017）。

《儿童早期环境教育项目：卓越实践指南》提供了一些关于如何将自然元素融入为幼儿提供的空间和场所的操作性建议，从而让它们变成令人敬畏和惊叹的神奇之地。这些建议包括：①尽量减少沥青的使用；②将花园和自然小径纳入进来；③提供丰富的“开放性材料”（棍子、石头、种子）、土质材料（沙、泥土）和“粗糙地面”（不平坦的、多岩石的区域）；④邀请合适的野生动物（鸟和虫子）；⑤添加本地植物。

有些户外游戏区域的检查清单几乎只聚焦于维护区域和安全问题。以下便是这种检查清单中的典型条目。

- 没有碎片、垃圾或动物排泄物。
- 没有积水覆盖。
- 区域围封合理。
- 拥有适宜的保护性地面材料。
- 所有区域都没有绊倒儿童的危险。
- 所有器材都没有突出物或凸起，例如螺母、螺栓或小把手。

虽然在户外游戏空间评价中，安全问题很重要，但是它应当仅被视为整体评价的一个部分。其他内容应当聚焦于舒适性、美感、刺激感官、可获得性、灵活性、身体和脑力挑战，以及与自然的直接互动。

《幼儿园户外环境评价量表》（Preschool Outdoor Environment Measurement Scale，POEMS，DeBord et al.，2005）是另一个可以用来评价户

① 乔・佛罗斯特，美国著名的幼儿教育家，被称为现代的“游戏倡导之父”，著有《弱势儿童》（*The Disadvantaged Child*）、《重新发现学前教育》（*Early Childhood Education Rediscovered*）、《儿童游戏和游戏环境的历史：当代拯救儿童运动》（*A History of Children's Play and Play Environments: Toward a Contemporary Child Saving Movement*）、《游戏与儿童发展》（*Play and Child Development*）等。——译者注

外环境的有效工具。它也可以被用作创造或改善户外游戏空间的指南。POEMS 包含五个板块：①物理环境；②互动；③游戏与学习场所；④项目；⑤教师 / 照护者角色。每一个板块都有与之对应的评价条目，以出现 / 未出现来评分，除此之外还有针对问题板块的改善建议。第一个板块是物理环境，聚焦于环境的特征，这些特征提供不同类型、不同水平的发展性挑战，让儿童有机会尝试他们的技能。物理环境在这里是一个引起儿童的好奇心，激发他们的想象力，吸引他们探究和提高能力发展水平的地方。这个板块包含了将儿童与自然联系起来的条目和建议；第二个板块是互动，涉及户外环境鼓励儿童积极接触环境、与同伴和成人互动的方式；第三个板块是游戏与学习场所，指的是户外区域及其材料的组织；第四个板块是项目，涉及户外环境与课程的整合，里面的条目明确地提出了户外空间能够促进儿童在所有领域的发展和学习；第五个板块是教师 / 照护者角色，聚焦于教育者群体（教师、父母和社区组织）如何协同工作，提升户外空间质量，也涉及了教师在户外环境中与儿童互动的质量和风格。

工具箱 2.1 中呈现的是另一个用于设计或评价幼儿户外游戏空间的工具，吸纳了本章的许多建议。

工具箱 2.1　计划和创设幼儿自然游戏场所指南

1. 展示对自然环境的尊重。

- 避免对自然环境进行不必要的破坏。
- 妥善地照顾生物。
- 回收材料，将其重新用于建构活动或作为辅助性游戏材料。
- 避免有毒化学物质。
- 提供多种多样的本地植物（本地植物比外来植物的生命力更强，并为当地野生生物提供食物与庇护）。

2. 提供直接接触的机会。

- 提供各种各样的开放性材料。
- 提供感官刺激丰富的经验与机会。
- 合理安排有特殊需要的儿童。

3. 让儿童感到安全和舒适。

- 充分保护儿童，使其不受天气（风、雨、烈日等）影响。
- 提供休憩的场所。
- 在儿童奔跑、跳跃和攀爬的地方使用柔软的地面覆盖物。
- 避免有毒植物和其他有毒物质。
- 提供“避风港”区域。
- 确保视野开阔，便于成人监护。
- 将婴儿和学步儿的区域与大龄儿童区域隔开。

4. 含有促进儿童感恩和理解自然环境的元素。

- 创建各种各样的花园。
- 提供多种多样的灌木、树木和其他种类的植被。
- 提供供野生生物生存的场地和材料。
- 提供吸引儿童关注环境变化的材料（降雨量测量器、风向袋等）。
- 挑选随季节变化而发生改变的植物。

5. 含有令儿童感兴趣、快乐，并刺激感官的元素。

- 提供多种多样的、适合儿童不同兴趣与能力的活动。
- 设计鼓励社会交往的区域与材料。
- 设计种植区域，并用围起来的方式进行划分。
- 包含各种各样的地形与植被。
- 提供安全的冒险活动。平衡冒险和安全，了解冒险和危险之间的区别，即冒险可以控制，危险在本质上是不安全的（Curtis，2010）。
- 提供多种多样的角色游戏材料和环境。
- 使植物的种类、尺寸、纹理和形状多样化（应当有一些适合儿童的小植物，另一些则要大许多；应当有一些儿童可以触摸到的低矮的植物，另一些植物的枝条则要高得多，组成一个遮棚，并在地面上形成“阳光与影子”的有趣图案）。

- 挑选一些植物，让儿童嗅其芳香，尝其味道，听其声音（例如微风吹过干枯的树叶）。
- 挑选一些可以用作开放性材料和“游戏道具”的植物（树叶、花、果实、坚果、种子、木棍等）。
- 对种植环境和其他户外因素（栅栏、门、墙、小径等）进行设计，促使儿童在整个游戏区域进行运动。

6. 邀请社区成员参与。

- 邀请社区机构参与。
- 利用父母和其他社区成员的户外技能与兴趣。

7. 尽量减少需要耗费大量劳动的维护工作。

- 保留或开发自然区域。
- 使用高质量的、适宜当地气候的建筑材料。

在开发或改善幼儿户外游戏空间时，需要牢记惊奇感在幼儿整体发展中的重要性。不论户外游戏空间提供了什么，它都应当让儿童获得美感，激发他们的想象力，唤起他们的好奇心。尤其重要的是，儿童游戏的场所应当有助于培养他们的惊奇感，这应当在每个评价儿童户外游戏环境的检查表中居于首位。

第 3 章　把户外环境带进室内

凭借自然进行的创造性游戏和学习既可以发生在室内，也可以发生在室外，但这需要将自然元素带到室内。有许多方法可以实现这一目的。自然材料可以用于物理环境，自然可以作为活动计划的核心主题，与自然有关的海报、书籍和操作材料（拼图、玩具塑像等）都可以用来吸引儿童关注自然。事实上，自然可以被用作教室环境创设、儿童活动和经验的整合性背景。这就涉及将与自然有关的主题和概念用于所有教学和学习领域中。

将环境作为整合性背景

将环境作为整合性背景（using the environment as an integrating context，EIC）的概念并不新鲜。EIC 模式最早由杰拉尔德·利伯曼（Gerald Lieberman）博士于 20 世纪 90 年代在国家教育与环境圆桌会议（State Education and Environment Roundtable，SEER）中提出并进行实地试验。有关研究表明，与传统的教育体系相比，学生在基于环境的背景中的学习更有效。当使用 EIC 模式时，学生在数学、科学、社会学习和语言艺术中都比传统教育体系中的同龄人表现更好（Lieberman，2013）。研究还发现，处于 EIC 模式中的学生有更少的纪律问题，处于学业失败风险中的学生比在传统教育体系中表现更好，学习更高效。

从那以后，EIC 模式就被用于美国加利福尼亚州从幼儿园到高中的课程开发。这种课程被称为“教育与环境倡议行动”（Education and Environment Initiative，EEI），它所使用的学业标准从科学、英语语言艺术和历史社会学科中挑选而来。

EEI 将环境作为达到学业标准的整合性背景，虽然它代表的是全州范围的行动，但是有些教师个人也在践行同样的想法。一位美国乡村学校的三年级教师将户外体验学习用于整合语言艺术和科学课程。她围绕本州规定的科学标准来计划户外学习活动，但也特别重视对学生读写技能的培养。她将科学课程和自然学习作为儿童阅读的内容。例如，在学习科学领域里的蝴蝶栖息地和大型无脊椎动物时，儿童在语言艺术领域的活动中也会阅读相关内容。户外课堂增强了儿童阅读、书写和绘画的兴趣，即使是对那些在读写活动中最困难的儿童也一样。幸运的是，这所小学正在建一间户外教室，周围环绕的树林、蝴蝶花园、蔬菜园和小鸟喂食站可以让学生找寻到自然的踪迹。那一年结束后，学生的标准测试成绩高于全州的及格分数线（Eick，2012）。类似的例子和结果还可以在以更小的儿童为对象的研究中找到（Vandermaas-Peeler & McClain，2015）。

物理环境

对于早期教育机构的物理环境对儿童所造成的整体影响不应当心存侥幸，因为它在促进儿童的学习和影响他们的情绪情感方面发挥着关键作用（Duncan，2011）。在一些传统中，环境被认为是“第三位教师”，父母和教师是另外两位。瑞吉欧·艾米利亚模式就是一个最好的例子。瑞吉欧·艾米利亚的教室里普遍充满植物和自然光。儿童通过大窗户可以看到庭院，教育者试图将每一间教室和学校的其他部分以及社区联系起来，并且特别关注美学和自然环境。

瑞吉欧的哲学包括这样一种观点，即美的功能之一是帮助儿童集中注意力（Klein，2017）。当然，还有很多其他研究者提出，美、自然、惊奇感和知识之间密切相关（Deviney et al.，2010a；Deviney et al.，2010b；Montessori，1972）。

迪瓦伊尼（Deviney）和她的合作者们（2010a，2010b）提出了七条增强早期教育教室环境美感的设计原则。每一条原则都与自然直接相关，提倡在教室中使用自然元素。

- 自然激发美感。
- 颜色引起兴趣。
- 家具定义空间。
- 质地增加深度。
- 展示提升环境。
- 元素强化氛围。
- 焦点吸引注意。

将自然材料带进教室的物理环境中是一种促进儿童学习和欣赏自然环境的方式。由于学习区是许多早期教育机构的普遍特征，在这些区域里加入自然元素是将户外环境带进室内的途径之一。

另一种将户外环境带进室内的方式是，临时布置不同的自然主题环境。例如，你可能将整个教室变成森林或沙滩，或者仅仅是将教室的一部分用于创设自然主题的环境。不要忽视迷你环境的价值，例如一个鸟巢或一个狐狸洞。你可以把这些迷你环境变大，让儿童能够在里面游戏。在任何可能的时候，让儿童参与自然主题环境的创设过程，并尽可能多地使用自然材料。

活的动植物

活的动植物也应当是室内环境的一部分。一些植物可能会比另一些植物存活得更持久，起到主要的装饰作用；另一些植物则只会在教室里存活一小段时间，比如鲜花，可以用来让儿童仔细观察植物随着时间推移而产生的变化。美国阿姆斯特丹市的两所小学在一些教室里建立了“植物墙”，然后研究了它们对学生健康的影响。植物墙由金属框架构成，上面有毛毡，为附着在框架上的植物提供肥沃的泥土。这使得整面墙都被活的植物覆盖。在有植物墙的教室里学习的儿童在选择性注意测试中得分更高，并且比教室里没有植物墙的儿童更认为教室具有吸引力（van den Berg，Wesselius，Maas，& Tanja-Dijkstra，2017）。

虽然对一些幼儿园而言，植物墙可能听起来有些难以实现，但是每间教室都可以有一些盆栽植物。无论什么时候，都尽可能地让儿童参与照顾植物——给植物浇水、打开遮阳物为植物提供更多的光照、给堆肥增加枯萎的叶子或花朵等。还要让儿童参与植物从种子和球根开始生长的过程。种植一些可以移植到户外的植物，尤其是那些会结出果实的植物（豆子、玉米等）。一种含蓄地促使儿童主动浇花的方法是，让他们使用喷雾瓶而不是洒水壶或水桶。使用喷雾瓶会减少儿童过度浇水的可能性。

以下是几个在室内环境培植植物的额外建议。

- 通过创设“废品花园”来推动循环利用的环境友好性实践。将旧水壶、破旧的靴子或者空的牛奶纸箱等“废旧物品”用作园艺容器。
- 在玻璃广口瓶里种红薯。红薯的好处在于，它们不仅很好吃，而且能成为有趣的室内植物。红薯藤长得很快，而且在一瓶水中就能存活下来。这让它成为与儿童一起成长的绝佳植物。儿童可以看到藤蔓和根是如何随着时间推移而变化的。选一个成熟的红薯，可能的话，最好是一个已经有芽或“眼”的。不管是红的，还是黄的品种都无妨。在红薯中心的四面都插上牙签，把红薯放到一瓶水中，牙签会让红薯在广口瓶里立起来，然后把广口瓶放到阳光充足的地方。嫩苗在几天内就会长出来，根则需要一周左右。

在室内喂养动物的过程更加复杂，但是结果会非常有趣而且很值得。近距离观察动物能够为儿童提供许多有趣的、令人兴奋的学习经验。儿童着迷于动物，如果有机会，他们会花大量的时间观察动物的习性和行为。他们会提出问题，请求参与照顾和喂养动物，并对熟悉的动物产生情感依恋。

学习照顾动物还可能会引发儿童学会关爱更广阔的自然界。除了了解动物及其生存所需，参与照顾教室里的动物还可以培养儿童对生命体的管理意识和责任感。当儿童意识到动物和他们一样是有生命的，他们便能够从动物的角度考虑其生存所需——食物、庇护所、抵御伤害等。换位思考是儿童社会性和情绪情感发展中关键的一步。生态换位思考在保护自然环境中也十分重要。

照顾动物，需要儿童考虑和注意他们自身以外的事物，有助于儿童学习关爱他人。一些研究结果支持这样一种观点，即当儿童照顾动物时，他们可能会变得更懂得照顾他人（Rud & Beck，2000）。

许多不同种类的动物都可以成功地在早期教育机构中存活下来，并为儿童提供有价值的学习经验。然而，为了确保儿童成功地获得这种经

验，教师还需要进一步思考。计划是整个过程中的第一步，也是最重要的一步。下面就是一些把动物带进教室之前需要应对的问题：

- 应该选择哪种动物？
- 动物的居住需求是什么？如何在教室里满足它们的需求？
- 照顾动物涉及的问题——它吃什么？什么时间睡觉？如何进行锻炼？它害怕什么？如何让它更舒适？等等。
- 儿童触摸动物是安全的吗？
- 幼儿园休息时（例如假期中），该如何安排动物？
- 喂养动物涉及法律问题吗？比如：可以养哪些野生动物？它们能被养多久？它们如何回到野外？等等。

在把动物带到早期教育机构前，第一个或许也是最重要的决定就是选择哪种动物。是从野外捕捉动物然后暂时将其圈养在机构里，还是长期地喂养教室宠物，比如猫、狗、天竺鼠或兔子？做这个决定时需要考虑的因素应当包括儿童的健康与安全，以及动物的健康和日常照料。应当确保儿童在任何时候都不会处在危险之中，动物也应当得到尊重与合理的照顾。一定要与家长确认有关儿童的过敏问题。

以下是为早期教育机构挑选动物时的额外指导建议，它们在一定程度上基于教育和兽医领域的专业组织的建议。

- 小动物通常比大动物更好。
- 本地动物通常比外地动物更好。
- 永远不要在教室里养野生的哺乳动物、有毒的动物，或者生病的、受伤的动物。
- 不要在教室里养动物，除非：
  - ※ 它很健壮，并且能够在圈养环境中存活；
  - ※ 它的自然栖息地能够在室内复制；
  - ※ 它能在圈养环境中表现如常；
  - ※ 它能够适应教室环境（气温、阳光、噪声水平等）；
  - ※ 它总是能受到了解其需求的人的良好照料。

在确定了选择哪种动物之后，下一步就是得到这种动物。在不违背当地规定的情况下，一些动物可以从就近的自然栖息地中捕捉（例如蚯蚓、蜘蛛、蝌蚪、昆虫）。其他的动物可以在声誉良好的宠物店或宠物商那里购买。

一旦动物被带到教室里来，成人就应当教儿童如何安全且充满尊重之心地接触动物。在儿童接触动物的时候，成人应当总是在一旁监护，并确保儿童在接触动物前后立刻洗手。

在将动物带进教室环境时，一些图书可能会很有帮助。虽然科恩（Cohen）和图尼克（Tunick）在 1997 年出版的《蜗牛的踪迹与蝌蚪的尾巴：幼儿自然教育》(*Snail Trails and Tadpole Tails: Nature Education for Young Children*）已经有一段历史了，但它是在教室里为五种不同的动物——蠕虫、蜗牛、蝌蚪、桑蚕和螳螂——创造迷你栖息地的绝佳资源。在将动物带进教室或者儿童进行有关讨论时，安妮·梅兹尔（Anne Mazer）的《小蝾螈，睡哪里》(*The Salamander Room*）是一本可以立即与儿童分享的美丽的儿童书。《小蝾螈，睡哪里》讲述了一个小男孩发现了一只小蝾螈并想把它养在自己的房间里的故事。小男孩的妈妈提出了一系列问题，让男孩关注小蝾螈在房间里的生活所需。

动物应当在教室里被养多久很大程度上取决于动物的品种，以及养动物的目的。小心地从自然栖息地里选择要捕捉的动物，并且永远不要让它们待在室内超过一周。过了这段时间，应当把它们送回发现它们的地方。让儿童参与这个过程可以给他们上宝贵的一课，教他们怎样以关爱和负责任的方式亲近自然。

亲自然类书籍

书籍和故事在大多数早期教育活动中发挥着重要的作用，每个早期教育者都应有能力选择高质量的、年龄适宜的作品。为了帮助儿童了解自然和形成对自然界的积极态度，幼儿教师应当熟悉“亲自然类书籍”和故事，并在教室里与儿童分享。幼儿教师也应当熟悉使用书籍和故事引导儿童形成亲社会思想与行为的方式。然而，在这样做的时候，教师应当时刻牢记互动性讨论的重要性，以及理解儿童将建构他们自己对周围世界的认知。书籍可以激发有意义的讨论，但它们不能“给”儿童态度和价值观。教师应当通过认真的讨论帮助儿童“发现”故事的含义及其对他们的意义，而不是仅仅将一本书从头读到尾。随后的艺术和戏剧活动也可以强化书中所呈现的观点。

亲自然类书籍帮助儿童准确地理解自然环境，并形成对自然环境的积极态度。亲自然类书籍的判定要素为：①如何描述人类与环境的关系；②如何描述自然和特定的自然元素；③如何鼓励儿童关爱自然。

如何描述人类与环境的关系

有些书表明，从某种程度上来说，人类“独立于”自然，并非自然中的“一部分”。这类书籍可能仅将自然环境描述为可供人类使用的资源。虽然我们想让儿童理解，我们所用的一切根本上都来自自然界，但是仅仅将自然环境描述为可供使用的资源在生态学上是不合适的。奥尔多·利奥波德[①]（Aldo Leopold，1949/1986）解释了“土地伦理”这一概念：

> 土地伦理将共同体的边界扩大到包括土壤、水、植物和动物，这些统称为“土地”……土地伦理将人类的角色从土地共同体的征服者变为其中平等的一员和公民。

《地球宪章》[②]（Earth Charter，2000）也提出了人类需要与自然形成“正确的关系”，尊重自然的内在价值。正如《地球宪章》的第一条原则（“尊重与关爱生命共同体”）所表述的那样，人类有“承认所有生命都相互依赖，每种生命都有价值，这与它们对人类的价值无关”的伦理责任。

罗伯特·麦可洛斯基（Robert McCloskey）于1941年出版的《让路

---

① 奥尔多·利奥波德，美国生态学家、林务官和环境保护主义者；他在现代环境伦理的发展与荒野保护运动中都有着相当大的影响，曾于美国威斯康星大学任教；《沙乡年鉴》（*A Sand County Almanac*）是他的著作，至今已销售超过200万本（维基百科）。——译者注

② 《地球宪章》是一部国际性宣言；它由一系列基本的价值观与原则组成，旨在为建设公正的、可持续的、和平的21世纪国际社会提供强有力的支柱；它在旷日持久的国际性讨论、磋商下诞生，并受到了来自世界各地成百上千民众与组织的支持（维基百科）。——译者注

给小鸭子》(*Make Way for Ducklings*)便是人与环境形成生态适宜的关系的故事。故事的焦点是鸭子的安全与健康，以及人们如何回应和帮助鸭子。在其中的一个情节中，一名警察暂停了交通，让鸭妈妈和小鸭子安全地过马路。虽然给鸭子让路并不是警察的分内工作，但是他的行为和人们的积极响应代表他们乐于为了鸭子而牺牲自己的一点便利。这告诉我们，与其他生物保持"正确的关系"具体意味着什么。

最近，有一项研究探讨了儿童图书中的插画所呈现的人类与环境之间的关系。不幸的是，研究结果并不乐观。该研究仅限于纪实类儿童书籍，这类书籍在某种程度上与持续发展有关。研究发现，几乎一半的插画描绘了非自然物体或人类，一半的插画将人类描绘成消费者。在有关自然的 32% 的插画中，描绘的是单株植物而不是生态系统。这可能会给儿童一种错误的观念，即一株植物和一片森林拥有同样的功能(Muthukrishnan & Kelley，2017)。

这项研究所提出的另一个令人担忧的问题与一些插画中所描绘的生态友好行为有关。大部分的这类插画呈现了后消费行为，例如回收。虽然回收是一个需要儿童理解和重视的概念，但是还应当教给儿童其他生态友好行为。例如，从事园艺工作或者使用雨桶等人类积极投入自然的插画，可能会帮助儿童更深入地理解人类如何与自然相互联系，以及人类如何以更加生态友好的方式使用资源。

其他聚焦于儿童绘本的研究也得到了类似令人担忧的结果。一项研究分析了 1938—2008 年近 300 本获得凯迪克图书奖的绘本。结果发现，关于自然环境和动物的图片数量显著下降，而关于人造环境的图片数量则呈显著的稳步上升趋势。对于人造环境的描绘也随着时间的推移而发生变化，从出现在绘本中变为绘本中的主要环境。同时，对于自然环境的描绘在逐渐消失。关于人类与自然积极互动的图片也越来越少(Williams，Palmer，Schwadel，& Meyler，2012)。

如何描述自然和特定的自然元素

儿乎所有人都知道一两个关于“坏蛋大灰狼”的故事。在《三只小猪》(The Three Little Pigs)的故事中，一头狼威胁着要“吹啊吹，把房子吹倒”。在《小红帽》(Little Red Riding Hood)的故事中，狼也被描述成邪恶且心怀不轨的动物，时刻准备着要把小女孩和她的外婆吃掉。对于狼的这种描述会使儿童对狼产生错误的理解与偏见。

亲自然类书籍则相反，它们帮助儿童形成对于自然界的准确理解和积极情感。琳达·格拉泽(Linda Glaser)的《奇妙的虫子》(*Wonderful Worms*, 1984)就是一个亲自然类纪实作品的例子，该书以积极的方式描述自然和特定的自然元素。通过简单的文字和全彩插图,《奇妙的虫子》解释了蚯蚓在生态系统中所发挥的重要作用。

如何鼓励儿童关爱自然

书籍和故事通常隐藏着信息，影响着儿童的思想和行为。亲自然类书籍会建议儿童以关爱的方式接触自然，这一信息不需要被明确地表达，就像“我们必须拯救地球”那样。一种更好的方式是介绍一个惹人喜爱的角色(人或动物)来示范关爱是什么意思。弗兰·霍奇金斯(Fran Hodgkins)的《如果你是我的宝宝》(*If You Were My Baby*, 2007)就是一个例子。这本书聚焦于母亲对下一代的爱与关怀。故事中有一只蝙蝠宝宝躺在妈妈安全的怀抱里，还有一只山羊宝宝在妈妈的指引下攀登高高的悬崖。

也可以借助有关特定的自然场所或具体的自然元素的故事或书籍，来鼓励儿童关爱自然。有些人可能会认为，沙漠是一种没有生物愿意定居的、干燥且恶劣的环境，一本由拜尔德·贝勒(Byrd Baylor)(文)和彼得·巴奈尔(Peter Parnall)(图)所著的绘本却呈现了一种完全不同的沙漠景象。在《荒漠是他们的》(*Desert Is Theirs*)一书中，儿童了解到，沙漠是一个备受人和动物热爱的特别的地方，他们“在沙漠中共享手足之情”。

辨别亲自然类书籍

除了考虑以上讨论的三个要素（即如何描述人类与环境的关系，如何描述自然和特定的自然元素，如何鼓励儿童关爱自然），以下问题或许也有助于辨别亲自然类书籍：

- 故事中的角色是否表现出对自然的感激之情或对自然界的惊奇之感？
- 故事中的角色表现出的是对自然的同情和怜悯，还是尝试支配和控制自然界？

在你寻找亲自然类的儿童书籍时，还应当考虑诗歌的力量。虽然小说和纪实类文学作品都可以帮助儿童了解和感恩自然界，但是诗歌能够拓展儿童的认识，让他们体验一种近乎有魔力的看、听和感受奇妙自然的方式。诗歌不会被普遍的看待世界的方式阻碍，而是能够更开放地表达整体性和神秘性。

好的诗歌通常都富有感官描述。它们帮助我们听到蜂鸟的嗡嗡声，感受低垂的树枝温柔的拥抱，看到清晨门外的绿树和青草上闪耀的露珠。好的诗歌还会帮助我们用另一种视角看待或想象世界。在一些情况下，这可能是植物或动物的视角。玛丽・奥斯汀（Mary Austin）的《草原土拨鼠小镇》（Prairie-Dog Town）就是一首这样的诗歌。《草原土拨鼠小镇》讲的是一只住在地底下的年迈的土拨鼠，地底下让它感到很安全。聆听这首诗歌的儿童很容易就会被吸引着从土拨鼠的视角看待世界。从植物或动物的角度看世界有时被称为“生态换位思考”（Hedefalk，Almqvist，& Ostman，2015），它是建立对自然界的尊重和关爱之心的基础步骤。

墙壁最少化

本章的标题“把户外环境带进室内”是想提醒大家，在我们今天生活的社会，“室内”和“室外”通常给人两种完全不同的体验。通过尽量减少墙壁，我们可以增进对自然界的了解，形成对于自然界的积极态度。

一种实现墙壁最少化的方式是利用窗户及其所提供的自然光。在一切可能的情况下，都应该把百叶窗和窗帘拉开；在天气条件允许时，也应该把窗户一并打开。只用透明的装饰品贴在窗户上，并避免在窗台上放东西挡住光线。应当策略性地摆放房间隔板、书架和其他类型的家具或陈设，避免遮挡从窗户透进来的光线或户外的景色。

另一种实现墙壁最少化的方式是为儿童提供更多的自由，让他们尽情地进出教室。除此之外，建议允许儿童将室内的材料搬到室外

（Bilton，2010）。虽然可能无法允许儿童完全自由地将室内材料转移到室外——反之亦然——但是，一定要提供这种灵活的空间。

墙壁最少化不应当局限于现实中有形的墙壁，还应当尽量减少把我们和自然隔离开来的情绪和心理的墙壁，如恐惧、陌生、恶心或厌恶的感觉。它指的是将我们视为自然的一部分，而不是将自然视为独立于我们的“外面的事物”。正如加里·斯奈德（Gary Snyder）[①] 所说的那样，“自然不是拜访之地，自然是家”（转引自洛夫，2011，p. 157）。

我们使用的语言也会影响儿童的思考，并强化把我们与自然割裂开来的心理墙壁。例如，“糟糕的天气”“害虫”等措辞，听起来就像一道竖立在我们与自然之间的有形的和心理的高墙。在谈论自然元素时，我们最好使用描述性语言，而非评价性语言。“阴雨天”是对天气的描述，“糟糕的天气”则是在评价天气。

哲学思考

就像打开从教室通往户外的门一样，孩子们脑中的门也需要被打开。一种拓展儿童的思维、增强儿童对自然的情感依恋的方式是，让他们进行关于自然界的哲学思考。虽然哲学对一些人来说似乎是一个令人生畏的学科，并不适合幼儿，但是当你真正理解了哲学的意义之后就会发现，事实恰恰相反。

“哲学”（philosophy）一词源于希腊语中的“phílosophía”，意思是“爱智慧”或爱知识与真理。就像霍华德·加德纳（2012）在《重塑真善美》（*Truth, Beauty, and Goodness Reframed*）一书中所说的那样，真理和对真理的追寻定义了我们人类的存在。哲学，其实是我们在探寻生命和我们在这个世上的地位时所提出的问题：什么是真理？什么是美？对

① 加里·斯奈德，美国诗人、作家、演说家和环保活动家，醉心于佛教精神与自然并做出了卓越的贡献，被称为“深层生态学的桂冠诗人”。——译者注

于事物或人来说，善指的是什么？关于这些问题的沉思有助于塑造我们的身份和世界观，帮助我们成为丰满而完整的人。从遥远的古代开始，如亚里士多德等哲学家就指出，哲学思考在人类的生存发展中发挥着重要作用。

虽然哲学不是被我们正式纳入学前课程的学科，但是它应当被视作幼儿保教工作的一个重要元素。我们可以将幼儿的哲学思考描述为"拥有和分享绝妙的想法"（Duckworth，2006）。哲学通常自然地发生于我们与儿童分享诗歌和神话故事的过程中，也可能出现在一天当中的任何时刻。

经过儿童哲学促进协会（Institute for the Advancement of Philosophy for Children，IAPC）的努力，全世界的中小学正逐渐形成发展儿童哲学[①]（Philosophy for Children，简称为P4C）的趋势。虽然儿童哲学促进协会的课程聚焦于从学前班（5岁）到高中的学生，但是已经有一部分工作将学前儿童纳入其中。关注学前儿童的兴趣和爱好有助于支持他们的哲学思考。幼儿喜欢惊奇、猜想、推测、怀疑、推断、提问和形成信念，这些行为证明了他们拥有哲学好奇心。儿童提出的问题和做出的预测更倾向于科学性而不是哲学性，比如，他们会问蜗牛吃什么，或者为什么我们在下雨后会看到更多的蜗牛。当然，科学问题应当被鼓励，但是我们也可以通过引入哲学问题来拓展儿童的思考。"我们可以把蜗牛捉来当宠物养吗"就是一个可以和幼儿讨论的哲学问题。对这个问题的讨论是一个绝妙的机会，有助于培养幼儿的同理心、关爱之情和生态换位思考的能力。正如幼儿都是天生的科学家一样，他们往往也是天生的哲学家。

① 儿童哲学是对发展儿童思维能力与学习能力，培养儿童主动思考习惯起着极大支持作用的教学法，提倡将批判性思维（critical thinking）、创新式思维（creative thinking）、关爱式思维（caring thinking）、协作式思维（collaborative thinking）的培养相融合。——译者注

让儿童进行哲学讨论是一个极好的机会，有助于他们思考公平、公共利益和我们使用自然资源的方式等问题。哲学思考——如关怀——不是一种可以作为“功课”来介绍和学习的东西，哲学问题和话题往往自然产生。有洞察力的成人能够意识到在当下情境中产生哲学话题的可能性。思考一下，比如，当儿童询问可不可以把鸟窝里的一只小鸟当宠物的时候，有洞察力的教师可能会如何回答。教师有许多不同的回答方法——有些可能有助于支持儿童的发展，促进他们与自然的健康互动，有些则可能不会。“你永远都不应该抚摩野生生物，它可能有细菌或者伤害你。”教师这样回答将会使儿童对野生生物心生恐惧或厌恶。而另一种与之不同的回答，如“我想知道那样做会不会吓到小鸟”或“如果鸟妈妈在一旁看到，它会不会担心呢”则会鼓励儿童从生态的角度出发进行思考。

用“我想知道”开始一段陈述，或者询问儿童他们想知道什么，通常是促进儿童哲学思考的有效方法。你甚至可以把“我想知道”的陈述方式和与诗歌相关的简单活动结合起来。比如，你可以和儿童分享《我想知道》这首诗歌，并鼓励他们再写一些简单的诗。

我想知道，
如果鸟儿掉了一片羽毛，
会不会立刻长出另一片。

我想知道，
海狸怎样修建堤坝，
如果没有书，没有计划。

我想知道，
羊儿如何生产羊毛，

它可从来没上过学校。

我想知道，
长颈鹿为什么那样高，
蚂蚁为什么那样小。

我想知道，
兔子去了哪里，
当天空飘起雪花或下起雨时。

我想知道，
为什么鸟儿可以歌唱，狐狸可以叫，
但是有些蜘蛛一点儿声音也没有。

另一种帮助幼儿进行哲学讨论的方式是，配合某种物理探究或操作活动。比如，曾经有一位教师为了鼓励儿童进行生态换位思考，便邀请儿童表演生物的特有行为，如一只正在寻找食物和水的小鸟。为了强调自然中的生物和非生物元素的区别，她让儿童表演某些自然元素（岩石、树、种子、虫等）面对雨、风和炎热的夏天的反应。在随后的讨论中，她鼓励儿童分享自己的看法，如生物和非生物体的反应有什么不同，以及这对于人类如何使用它们意味着什么。为了让讨论具有哲学性，她重点关注其他生物的“权利”，而不是“正确的做法是什么”。

近来的研究表明，学前儿童可以用有意义的方式进行哲学讨论，而且这种讨论可以提高他们的语言推理能力（Säre，Tulviste，& Luik，2017）。这项研究支持使用不同类型的问题来促进儿童的哲学思考，尤其是开放性问题，具体形式可以是鼓励儿童解释他们看到、体验到或者思考的事情。诠释类问题可以引导儿童解释概念、观点或行为，也可以启发儿童思考他们自己的想法。比如，“你为什么觉得保护这棵小树苗是个好主意，而不是把它挖起来扔掉？”

除了使用选择性问题，另一种促进幼儿哲学思考的方式是鼓励同伴间的对话，你可以鼓励儿童向同伴解释一个观点或一种现象。比如，“凯亚，你可以给露西娅解释一下，为什么你觉得我们不应该破坏这个蜘蛛网？”“利昂，你可以和金姆分享一下你为什么不让树叶和树皮漂浮在鸟池里吗？”

鼓励幼儿进行关于自然界的哲学思考往往并不容易，但做出的努力是值得的，因为这一过程中存在诸多益处，如培养儿童对生物的同理心，让他们理解我们都是这个美妙世界的一部分。

第 4 章　成人的角色

教育的最高境界是使人对生命敏感。

——理伯蒂·海德·贝利[①]（Liberty Hyde Bailey，1905）

儿童天生就有好奇心，强烈地渴望探索他们周围的世界，但是他们仍然需要一位对他们感兴趣的成人鼓励、支持并引导他们保持探索的精神。这位成人可能是爸爸或妈妈、祖父或祖母、自然学家、教师或者儿童生活中的其他富有爱心的人。

成人在儿童的创造性游戏中的作用更多的是分享，而不是教授。正如蕾切尔·卡森（1956，p. 45）所说："如果一名儿童要保持他天生的好奇心……他需要至少一位能够与他分享好奇心的成人的陪伴，与他一起再次发现我们所生活的世界的乐趣、令人兴奋的事物与秘密。"幼儿的学习不是通过他人来告诉他们关于周围世界的知识，而是通过自己的身心活动来学习和建构意义。儿童需要能够支持他们的自主探索和实验的成人，但出于好意的成人对此并不总是很在行。他们的注意力可能会过于狭隘地局限于他们认为安全、健康和干净的事情上，比如，他们可能会认为，儿童不应该在沙子里玩、挖土或者在山丘上打滚。他们可能会告诉儿童远离水龙头或水泵，希望儿童保持双手干净，不要弄脏衣

① 理伯蒂·海德·贝利，美国园艺家和植物学家，曾是美国园艺科学协会的联合创始人；贝利在开展农业推广服务、自然研究运动、邮包和农村电气化等方面发挥了重要作用；他被认为是"农村社会学和农村新闻学之父"（维基百科）。——译者注

服。他们可能不会鼓励儿童捡树叶、干草或石头，可能觉得儿童应当在下雨、寒冷或炎热的天气里待在室内。

蕾切尔·卡森从另一个视角出发进行研究。当她的侄子罗杰快20个月大的时候，她用一条毯子把他包起来，带他到沙滩上。那是一个风雨交加的秋夜——很黑，还下着大雨。巨大的海浪拍打在岩石上，发出雷鸣般的声音。蕾切尔·卡森和侄子对这个狂野的夜晚和怒吼的大海的回应是开怀大笑。卡森将其称为“紧张、刺激的经历”，并指出，太多儿童由于受到过度“保护”而无法拥有这样的经历。她说，其结果是使很多儿童变得无聊，枯燥地全神贯注于人造事物，脱离了力量的源泉。

一些成人可能认为，儿童是天生的探索者，因此不需要成人的引导和支持就能从户外创造性游戏中获益。他们甚至认为，户外时间就是“儿童的时间”，成人的作用仅是确保儿童的安全。研究表明，虽然成人可以在室内回应儿童和与之互动，但是他们在户外与儿童的互动则非常不同。教师在户外使用更多的是消极控制，他们在大多数时间里只是坐着，较少与儿童进行语言互动（Bilton，2010）。本章的主要目的之一就是，鼓励成人将自己视作儿童在自然环境中进行创造性游戏和学习的促进者，并为其提供指导建议。

也许，最重要的五种方式是：

- 提供丰富的学习环境；
- 提供一段较长的不被打扰的时间；
- 聚焦于儿童；
- 示范期待的态度与行为；
- 与儿童进行积极互动。

丰富的学习环境

幼儿不应当被置于缺乏美感、多样性，且缺乏能够激发好奇心、刺激感官的材料的环境中。儿童依赖感官刺激和动手操作进行学习和获得成长，他们通过体验而不是被告知的知识，来了解自己和周围的世界。因此，促进创造性游戏的开展要从提供能够培养创造力的环境开始。

教师或其他成人是环境的管理者。有效的教师会创设引发和支持儿童进行探索的环境。他们提供的材料有多种使用方式、可适用于不同复杂程度的活动。大部分自然材料和艺术材料都符合这一描述，秋千和滑梯则不符合。

“让自然成为教师”，可以作为在自然环境中开展创造性游戏的首要原则。生物和其他自然元素对幼儿来说可能是最具吸引力的材料。自然材料的质地和颜色丰富，它们随着时间的推移而发生改变，有助于刺激感官。自然材料为儿童提供了多种多样的机会去摸一摸、闻一闻、看一

看、听一听和尝一尝。这些材料通常很灵活，易于操作。它们可以被用来建设和创造魔法之地，也可以被用于拼贴画、编织和其他艺术表达方式之中。

除了提供自然材料，教师还应该大量介绍其他类型的开放性材料。通过提供材料鼓励儿童参与角色游戏、建构活动、积极探索和艺术表达。

大量悠闲的时间

为了能够从在自然环境中开展的创造性游戏中获益，儿童需要长时间进行连续的游戏——如果可能，他们每天都需要。他们还需要一些悠闲的、不需指导的活动时间。卡森（1956，p. 68）鼓励成人“花时间倾听和谈论地球的声音及其意义，如威严的雷声、风声、海浪声或潺潺溪流的声音”。听见这些声音需要“悠闲的时间”，儿童应当经常有机会获得这种体验。

一本诗意的、插图唯美的绘本——《另一种倾听的方法》（*The Other Way to Listen*，Baylor & Parnall，1978），说明了在自然环境中停留的重要性。在这个故事中，一位老人告诉一个孩子，他听到了丘陵的歌声、岩石的低语和野花种子在地下开始生长时爆破的声音。孩子也想听见这些声音，因此让老人教她。老人答道：“自然就是老师，你需要练习才能听见这些声音而且‘不能着急’。”老人告诉她，大部分人根本听不见这些声音，因为“他们不肯花时间在重要的事情上”。虽然这是一个儿童故事，但是《另一种倾听的方法》也向成人传达了重要的信息——允许儿童长时间悠闲地停留在自然环境中。

一项有关积极的环境态度影响因素的研究强烈地支持这样一种观点，即儿童应该经常体验积极的户外活动。这个研究聚焦于“重要的生活经历”，这些经历会使个体选择与环境保护相关的职业。其中两个明确的重要因素是：①童年时期经常有在自然环境中的积极经历；②有成人示范对自然的关注与尊重（Broom，2017；Chawla & Derr，2012；Howell & Allen，2016）。

当今，儿童的生活常常是高度程序化的、仓促的。他们生活和停留的环境正变得越来越同质化和制度化（Louv，2006）。许多幼儿生活中都缺少嬉戏、创造和沉思的时间，然而，自然环境可以提供丰富的游戏、创造和反思的机会，因此，儿童应当被给予时间，从这个丰富的环境中获益。给予儿童时间并保护他们不被打扰，应当被视为教师和家长的基本责任之一。

安然的心境

亨利·戴维·梭罗[①]（Henry David Thoreau）曾说："倘若没有安然的心境，你便无法感知美的存在。"为了帮助儿童欣赏自然的美丽与奇妙，成人最好在沉浸于自然之中时，示范和支持"安然的心境"。最好的方式是通过你的行为和语言来呈现这种安然与平静。有时，你也可以邀请儿童和你一起安静地坐下来欣赏微风吹过叶子，或者倾听临近的灌木丛里鸟儿歌唱的声音。

你还可以通过让儿童关注自然的灵性和固有特质，包括其美学的特质和相互依赖的特质，来培养儿童平静的心态。你也许可以这样说，如"光是看着这些花就让我感到高兴"，或"让我们在树下坐一会儿吧，多宁静的地方啊"。

① 亨利·戴维·梭罗，美国作家、诗人、哲学家、废奴主义者、超验主义者，也曾任职土地勘测员；他最著名的作品有散文集《瓦尔登湖》；《瓦尔登湖》记载了他在瓦尔登湖的隐逸生活（维基百科）。——译者注

聚焦于儿童

大部分成人都很清楚，他们在户外游戏时需要仔细看好幼儿。然而，他们通常主要关注安全问题。在不降低安全的重要性的前提下，还应该仔细观察另外一些基本问题，例如：儿童发现了什么？他们是如何使用材料的？他们如何互相交流？一个游戏情节是否引起了下一个游戏情节？

对儿童的仔细观察还应该包括注意他们的兴趣和恐惧。一旦发现儿童的兴趣和恐惧，成人就要进行恰当的回应。例如，发现儿童的兴趣后应当及时提供相关的评论、材料和活动。如果儿童对落叶表现出兴趣，那么为他们提供耙子、画纸、蜡笔和有关树的书籍就十分恰当。曾经有一位教师注意到儿童着迷于将落叶扫成“一大堆”，便问儿童：“你们觉得，你们可以把树叶堆多高？”一名儿童回答：“就像山一样高。”于是，挑战开始了。儿童满腔热情地在桶里装满落叶，然后把它们倒在越来越高的树叶堆上。他们开始估计树叶堆可能会有多高，像老师一样高吗？像头顶的屋檐一样高吗？还是像树一样高？他们不断地在树叶堆上倒更多的树叶。当再也够不着树叶堆的顶部的时候，他们就让教师来帮忙倒。

当树叶堆高到教师也够不着时，一名儿童提出需要一个梯子。于是，教师找来一个小梯子，他们继续倒树叶。当梯子也没办法帮他们够到树叶堆的顶部以后，教师和儿童坐在地上进行“头脑风暴”，看看如何能够把更多的树叶倒在树叶堆顶上去。一名富有创新精神的儿童提议，他们需要“某种机器”来把桶带到树叶堆上去。接下来，谈话就转移到这个机器可能会是什么样的。于是，教师建议儿童画出这种可以起到作用的机器。她给每个孩子一个写字板、一张纸和一支笔，然后儿童就去画画了。他们的画作充分展示了他们的创造性思维和问题解决能力。

第二天，教师带来了一些易于理解的书籍，涉及不同类型的机械，尤其是滑轮和其他种类的“升降机”（传送带等）。这引发儿童画了更多关于机械的图画，并讨论如何把东西提起来。这个案例中的课程产生于儿童的兴趣，活动和材料并非由教师事先决定。虽然教师最开始想要引入一些有关秋天的主题，但是她一直都在等待着，想看看从儿童的兴趣中会产生什么。这个例子表明，当聚焦于儿童时，“课程”便是“发生着的事情”，也展现了课程如何由儿童发起，同时又得到教师的支持。

聚焦于儿童也意味着承认和尊重儿童的恐惧。有些儿童害怕昆虫、蠕虫和臭虫，害怕弄湿或弄脏自己，也害怕身处黑暗之中或听见打雷的声音，这些恐惧不应当被漠视。一些成人似乎认为，他们可以通过告诉儿童“没什么好怕的”来消除儿童的恐惧，但这种方法不会奏效。就像口头解释并不能让幼儿理解什么是重力一样，成人关于恐惧的表述也不会让儿童战胜恐惧。儿童也许能在一位体贴的成人的陪伴和安慰下平静下来，感到安心，但是他们还需要进一步的行动来战胜恐惧。这通常需要让他们熟悉自己所害怕的东西，然而，不应当将这种过程强加给儿童。

乔伦妮是一位办公室主任，她最近分享了她 7 岁的时候，一位教师用不恰当的方式尝试帮助她克服对蛇的恐惧的故事。教室科学区的一个玻璃笼子里装了一条花纹蛇，班级里的儿童轮流给蛇喂食并清理水盘，但乔伦妮从来都不想做这个工作。事实上，她甚至不想站在靠近玻璃笼子的地方。一天，教师在说服乔伦妮不要害怕蛇之后，便将蛇从笼子里拿出来让乔伦妮抚摩，乔伦妮拒绝了。教师的反应是把蛇放到乔伦妮的手臂上，然后告诉她："看吧，蛇没有伤害你。"是的，蛇确实没有伤害她，但是这个经历对乔伦妮来说是痛苦难忘的。对蛇——所有的蛇——的恐惧一直伴随她到今天，她看到蛇的第一反应就是逃走。显然，教师好心地解决儿童恐惧的方式是无效的。这种方式也反映出，教师缺乏对儿童的敏锐洞察和尊重。

一位与一群 5 岁儿童一起工作的自然学家示范了一种消除儿童的恐惧或潜在恐惧的更积极的方式。史蒂夫希望引起儿童对自然界的兴趣。在参观教室的时候，他带了卵石、种子、干草、花瓣、嫩枝等各种各样的自然材料，还有一只活的蟾蜍。在与儿童共度一段时光并允许他们操作自然材料以后，他告诉儿童，他的小盒子里有一只小动物。他给儿童看盒盖上用于空气流通的小洞。他向儿童描述蟾蜍——有四条腿，两只眼睛，柔软的皮肤，等等。他展示了蟾蜍的图片，并介绍蟾蜍在哪里生活、喜欢吃什么。然后，他问儿童是否可以拿开盖子，看一看盒子里的蟾蜍。他告诉儿童，他不会让蟾蜍从盒子里跑出来。

等所有儿童都点头以后，史蒂夫把盖子移开并邀请儿童凑近一些，以便更清楚地看一看蟾蜍。他让儿童谈论他们看到了什么，一名儿童说他看到了蟾蜍在呼吸，另一名儿童谈论了蟾蜍皮肤上的斑点。有一名儿童注意到蟾蜍“弯曲的腿”和“看起来像指甲的东西”。史蒂夫问孩子们，他可不可以把蟾蜍放在手上，让他们看得更清楚。同样地，他向孩子们保证，他会让蟾蜍待在他自己的手上。在儿童同意之后，史蒂夫用手托着蟾蜍并分享了更多关于它的信息——它如何从卵孵化而来，它喜欢什么样的食物。然后，他问孩子们想不想看蟾蜍吃东西。他说，他需要把蟾蜍放到盒盖上，然后去准备食物。儿童同意以后，史蒂夫就给蟾蜍喂食。最后，他问有没有人想要摸一摸蟾蜍的皮肤。有几个孩子准备好了。在这几个孩子摸了蟾蜍并描述了抚摩的感受以后，所有的孩子都想摸一摸。

除了确认和回应儿童的兴趣和恐惧，教师还应该紧密地关注儿童的发现和经验。当儿童分享他们的发现和经验时，他们就加深了对发现和经验的理解，特别是在教师真正地感兴趣并鼓励儿童思考为什么、怎么做和“如果……会怎么样”时，更是如此。开放性问题则是这样做的最好的方式之一。一个开放性问题允许许多不同的答案——没有唯一“正确”或“错误”的答案。开放性问题有助于儿童解决问题和批判地思考，也有利于培养儿童近距离观察、深入讨论和探究的能力。

以下是一些开放性问题的例子，你可以用来提问幼儿：

- 如果你在沙子上浇水会发生什么？
- 为什么你觉得叶子会弯曲？
- 我们在哪里能找到更多的种子？
- 骑在鸭子背上会是什么样的感觉？

成人可以通过提供相关道具来回应儿童的兴趣和提问。下面是一个如何与一群儿童协作的例子。几名儿童正在游戏场地上“露营”，前一天帐篷就已经被支起来了，还配备了一些炊具、一个背包和双筒望远镜。一名儿童提议堆一个火堆来准备晚饭。孩子们收集了一些引火物——干草和树枝，在一口锅里装上水，然后开始寻找“蔬菜”来做一锅汤。他们找到了草、树叶、花、花瓣和种子，决定用塑料刀把一些大的叶子切下来。安德烈摘了一些蒲公英，并把它们放到了水里。“看，我的手变黄了。”他惊讶地说。其他孩子也看了看自己的手，然后开始更仔细地检查植物。

玛丽亚注意到，她们刚才切东西的板子上有一些绿色。“我想你可能需要把草切一切才能让颜色出来。”她说。孩子们的活动焦点现在变成了“把颜色弄出来”。

教师一直在仔细地观察儿童，她找来更多的塑料刀和一些白纸，把这些材料放到临近的一张桌子上，然后问：“你们想到这儿来工作吗？在这儿你们也许能有更大的空间。”她没有再多说什么，只是把一片红色的叶子放到 张白纸上，然后开始切那片叶子，一条红色的线条出现在纸上。孩子们开始寻找不同颜色的植物并把它们放到白纸上，然后开始切。他们似乎对结果感到很开心，便开始进行“设计”，而不是胡乱地涂画。在这个过程中，他们注意到，他们能够把有些材料的“颜色弄出来”，而有的却不能。

“我猜这只在软的东西上有效——而不是硬的东西，比如石头。”蒂娜说。

“你没法切石头，所以你没法知道。”罗杰回答。

“如果你有一把非常坚硬的刀，你就能切开石头，或者如果你非常用力地打，也许就能把石头打碎，然后把它的颜色弄出来。”安德烈补充道。

在一旁倾听和观看的教师提出了一个问题：“你必须要切东西才能把颜色弄出来吗？我没看到安德烈切蒲公英呀。”

“他拿着蒲公英，”蒂娜说，“但是他没有切。你做什么了，安德烈？”

“我就是把它摘下来，然后放到水里。”安德烈回答。

“水变黄没有？”玛丽亚问道。

她走到锅边看了一下，发现水不是黄的。

“所以，你们认为，是什么让颜色跑到安德烈的手上？”教师问。

“也许他是挤出来的，”罗杰提出，“你挤了吗，安德烈？”

“我在摘它的时候也许是挤了。”安德烈回答道。

孩子们开始寻找蒲公英。院子里只有几株，孩子们把这几株蒲公英收集起来放到桌上。一些儿童的手上出现了黄色，一些没有，他们还在讨论是什么让颜色跑了出来。罗杰用蒲公英在白纸上摩擦出了一条黄线，并说：“我把它挤出来了！”

其他儿童也开始把蒲公英放在纸上挤扁。蒂娜尝试着挤一片叶子，她在纸上挤出了一块绿色的痕迹，感到很开心。孩子们开始尝试不同的材料。安德烈捡起一小块石头，“我没法挤它，”他说，“但是我可以摩擦。”一条微弱的灰棕色线条出现了，每个人看起来都很开心。

在这个例子中，教师从头到尾都让儿童沉浸在活动中，也没有对活动进行重构使其满足事先计划的目标。她为了“露营”活动而对环境进行了安排。实际上，这个环境引导儿童走向了另一个不同的活动，但这也很好。她鼓励和支持儿童，并一直允许儿童进行他们的活动。在这个过程中，儿童同样建构了自己的认知与理解。教师与儿童、儿童与儿童之间的互动都有助于让儿童保持专注，并进行进一步的探索和发现。

态度、倾向与行为

儿童从我们的行为而不是语言中学到更多。儿童通过观察我们得知，生命中什么是宝贵的、神圣的和重要的。儿童所看到的从他们的父母、教师和其他人的生活中反映出来的态度、性格与价值观，往往也会是他们一生都将拥有的态度和价值观。如果我们希望儿童对自然界敏感和感兴趣，那么这就是我们需要示范的事情。成人的惊奇之心——不止是他们的科学知识——能点燃和维持儿童对自然的热爱之情。蕾切尔·卡森（1956，p. 45）是一名科学家，她相信“对儿童和对想要引导他的父母（或者教师）而言，知道远远不及感受的一半重要”。

卡森（1956，p. 52）鼓励成人成为儿童的伙伴，与其一起探索自然；成为儿童的朋友，与其一同踏上令人兴奋的探险与发现之旅。她说：“这在很大程度上需要你更加接纳周围的一切。”我们需要重新学习使用我们的眼睛、耳朵、鼻子和指尖——打开“被废弃了的感官通道”。

自然起点儿童教育项目中的“游戏伙伴”一词，反映了成人作为儿童自然探索和游戏的伙伴的理念。该项目由美国布鲁克菲尔德动物园与芝加哥动物学会发起，是一个面向博物馆、动物园、水族馆和自然中心的非正式教育者的专业发展项目。自然起点儿童教育项目提供了关于游戏伙伴如何在发展适宜的场所，让幼儿和动物及植物互动的指导建议。该项目的理念基础是，自然游戏促进儿童的整体发展，有助于儿童形成保护自然的态度。

正如自然起点儿童教育项目中所反映的那样，成人在自然游戏中的作用包括示范对自然环境的关爱与尊重。与儿童谈论关爱地球远远不及亲身示范表达关爱的方式有效，可以通过在教室内外温柔地触摸动植物，建立和维护室外野生动植物栖息地，参与负责垃圾处理以及尽可能回收与重新使用材料来示范对自然环境的关爱和尊重。

积极互动

成人有时觉得，只要提供和安排好充足的材料，他们支持创造性游戏的工作就完成了。他们认为儿童是有能力的，天生具有好奇心且渴望学习，因此错误地认为可以让儿童自己游戏。虽然他们对儿童的认识大体正确，但是成人需要认识到幼儿探索、实验和合作的能力还不完善。儿童需要成人的支持和大量的练习来进一步提高自己在所有发展领域的能力。如果没有成人的充分支持，许多幼儿在自然环境中进行的创造性游戏只能持续很短的时间，显得十分匆忙。

一般而言，让儿童自己玩的时候，他们的游戏行为会变得重复，并且不会在复杂性和创造性上有所提升（Bilton，2010）。自己玩的时候，儿童也可能会进行强化刻板观念和行为的游戏（例如，只有男性才能成为救火员，只有女性才可以给宝宝喂食）。一旦出现这种情况，成人应当毫不犹豫地加入游戏并挑战偏见——除非有另一名儿童这样做。研究表明，当成人加入儿童游戏之后，游戏中的刻板观念会有所减少（Bilton，2010）。

比尔顿（2010，p. 182）认为："加入儿童的游戏可能是我们必须做的最难的工作，因为把它做好需要很大的努力。""把它做好"包括表现出兴趣、与儿童互动，这种兴趣和互动需要达到让儿童能够保持一段时间的积极性所必要的程度。但是，"把它做好"的意思还包括尊重儿童的决定和选择，鼓励他们更加积极主动地学习。虽然要尊重这个事实，即游戏情境属于儿童，但是成人也可以通过凑近并询问相关的开放性问题、做出积极的评论、添加恰当的道具或者有时以一个支持性的角色进入游戏，来延伸和丰富儿童的游戏。

然而，成人需要注意，在积极参与儿童的活动前，应小心地评估儿童的意图。在提供建议或信息前，要向儿童询问他们的活动或游戏情节，因为儿童正在尝试做的事情可能与成人假设的活动重点完全不同。例如，成人可能会对儿童正在侍弄的“花园”进行评论，然而，儿童的意图可能更多的是为他们的马儿种一些吃的草。“你在这儿忙了好一会儿了，愿意给我讲讲你的活动吗？”是一种询问他们的活动意图的方法。

成人还可以为儿童提供机会，让儿童和他人分享自己的想法和活动。这种机会通常能够激发儿童深入思考他们正在做的事情，还有可能引导儿童进行富有成效的观点交流。

有时，儿童可能会因为活动没有如他们设想的那样进展顺利而感到沮丧或生气，这时他们就需要成人的支持，帮助他们明确和解决问题。对问题的明确和如何解决问题的想法应当来自儿童，而不是成人。“你看起来遇到了点麻烦，可以告诉我发生了什么吗？”是一种开启对话和解决问题的方法。在小组游戏中，儿童可能会难以给每个人分配有意义的角色。这时，成人可以通过问问题或提供建议来帮助他们（比如，“你需要一个人来订购比萨吗？”或“也许索尼娅可以在你倒沙子的时候拿着篮子”）。

当与儿童在创造性游戏中进行互动时，教师应当牢记“侵入性参与最少化”原则（Kostelnik，Soderman，& Whiren，2007）。这个原则的理念基础是根据实际需要提供相应水平的支持，从而拓展儿童所参与的活动。积极地旁观是最低介入水平，身体参与是最高介入水平。

让成人的介入基于侵入性参与最少化原则，总体上便是支持儿童创造性游戏和积极解决问题的最有效的方式。因此，成人必须确定一名儿童或一群儿童所需要的支持水平。幼儿和有特殊需要的儿童与具有成熟的游戏能力的儿童相比，通常更需要成人的介入。沉默、害羞的儿童可能也需要更长时间、更高水平的支持（Bilton，2010）。教师尤其需要留意和回应儿童的社会和情感需求，以便确定儿童所需要的支持水平。

有时，儿童需要直接教学来获得有效使用某些特定工具（比如剪刀和放大镜）的技能。记住，向儿童展示如何恰当地使用工具并非总会妨碍儿童的活动（Kostelnik et al.，2007）。相反，缺乏技能才会妨碍活动，而且会让儿童感到沮丧。因此，教师可以向儿童展示如何使用一把剪刀或打孔机，也可以向儿童展示使用多少胶水、把胶水挤到哪里。一般而言，告诉儿童画什么或希望他们模仿教师的示范行为则是不恰当的。

成人的角色是为儿童准备环境和提供他们所“需要的”信息、想法、鼓励和资源，即便有必要进行介入，也应当是在尽量短的时间中的侵入性最少化的介入。成人应当清楚地知道，他们为什么加入儿童的游戏，以及他们的加入将如何帮助儿童（Bilton，2010）。

不要做什么

虽然早期教育的最佳实践模式都呼吁，室内外活动均要坚持以儿童为中心，但是允许儿童在室外进行自主探索更加重要。当与儿童一起在户外活动时，成人牢记“户外教育并非只是转移到教室外面的教学”将很有帮助（Østergaard，2017）。当然，作为教育者，我们也许会认为，我们需要制订计划、主导“学习”、提供标签和解释说明来“教学”，从而帮助儿童了解自然。但这种方式既不适宜儿童的发展，也不利于儿童创造力、好奇心的发展及其对自我与自然界的欣赏。

蕾切尔·卡森的方式更加适合幼儿的学习。她说，与儿童共享自然应当“基于一起玩得开心而不是教学”（Carson，1956，p. 10）。因此，当成人不知道本地的动植物的名字时，不要被吓倒；与幼儿一起在户外时，教师也不应该频繁地将活动变成教师主导的课程。

成人还应该避免教幼儿“拯救地球”。人类已经对环境造成了损害，“拯救地球”很具有吸引力。我们想让下一代成为比我们更好的环境管理者，所以我们想知道，是否应该告诉幼儿这个星球的未来处于危险中？应该让他们想办法去解决这个问题吗？虽然大部分早期教育者会说“当然不应该”，但是这种尝试并不少见。想一想下面这首由《矮胖子》[①]（Humpty Dumpty）改编的童谣：

① 矮胖子是《鹅妈妈童谣》中的著名人物。童谣原文是：“矮胖子，坐墙头，栽了一个大跟头。国王呀，齐兵马，破镜难圆没办法。”——译者注

所有的人都坐墙头。所有的人都栽跟头。污染啊，垃圾呀，搞得地球脏兮兮。

这只是一个例子，写这首童谣的教师认为自己在做正确的事情——她想要教儿童“拯救地球”。虽然我们想让儿童对自然界感兴趣，并知道一些他们可以采用的保持地球整洁、健康的简单的方法，但是我们应当避免运用恐吓的方式。我们不想将沉重而不公平的负担强加在儿童身上。

把世界生态问题的负担强加在儿童身上会造成“生态恐惧症”[①]（ecophobia）——一种对环境灾难的恐惧（Sobel，2004a）。其结果是造成儿童疏离自然，而非亲近自然。自然环境中的创造性游戏的目标之一是，传达对自然界的感恩之心。灌输恐惧与实现这个目标背道而驰。

生态恐惧症对自然环境和人类的精神与灵魂而言都是一场浩劫。生态恐惧症具体表现为露天采矿、砍伐森林、污染湖泊和溪流、排放有毒气体。在心理和精神层面，生态恐惧症会造成焦虑、抑郁，使得日常生活经验与愉悦感的减少。

生态恐惧症可以通过不恰当的环境教育发展起来。强调物种灭绝、空气和水的污染以及其他环境灾难的儿童早期教育环境并不是最有利于儿童的——也不能有效地培养他们对自然界的热爱与尊重。关于环境灾难和环境问题的信息不利于幼儿的发展，而且往往会对环境伦理的培养起到反作用（Sobel，2004a）。

另一个“不要做什么”的例子与“生物恐惧症”（biophobia）有关，这是一个与生态恐惧密切相关的概念。这两个概念之间的区别在于恐惧

① 生态文学家、批评家艾斯塔克（Simon Estok）认为，大部分的文化一直以来将自然视作一种理所当然的存在，这些文化已经发展出一种敌对自然的态度，相信人类的成就与安逸的生活必然需要主宰自然、剥削自然，而非与自然处于一种共生合作的关系。艾斯塔克将这种敌对的态度称为“生态恐惧症”。（世界文学编辑委员会，《生态与文学》，p. 46）——译者注

的来源。生态恐惧症大体上可以被定义为是对环境灾难的恐惧，但生物恐惧症则是对自然本身的恐惧。一些研究对比了生物恐惧症和亲生命性（Barbiero & Marconato，2016；Cho & Lee，2017），指出其中一个（生物恐惧症）指的是对自然的厌恶，而另一个（亲生命性）指的是受到自然的吸引。正如本章前面所提到的那样，不要忽视儿童的恐惧，也不要坚持让儿童触摸或接近他们害怕的自然物。还需要记住的是，我们可能会无意识地强化生物恐惧症，比如，当我们在谈到虫子、昆虫和其他自然元素时，往往使用“令人作呕的”“丑陋的”“害虫”或者“令人毛骨悚然的”等词语，这会让儿童产生关于自然和某些自然元素的错误概念。它们会在儿童的脑中种下“扭曲的事实”，并降低儿童真诚地感恩自然所做出的贡献的倾向（Cho & Lee，2017）。研究表明，对自然的感知，而非自然本身，使人们产生了积极或消极的生命性情感（亲生命性或生物恐惧症）（Barbiero & Marconato，2016）。

人们向儿童展现自然的方式与儿童如何感知自然有很大的关系，儿童的直接经验也起到一定的作用。比如，可以帮助害怕森林的儿童将森林视为一个有趣的地方，让他们知道自己在那里可以获得安全感和归属感。我们可以通过故事、言语和图片将森林呈现为鸟儿筑巢并保护幼鸟的地方、早春时节野花盛开的地方、树叶和松针化为土中养分培育新木的地方，而不是一个危机四伏的的地方。

当然，了解森林或者自然的其他方面，对儿童来说，这一过程更应是一次探险而不是“课程”。正如蕾切尔·卡森（1956，p. 45）明确说明的那样，“童年早期是准备土壤的时候……更重要的是为儿童富有求知欲的主动学习铺路，而不是把他们放到他们还没有准备好吸收和消化的事实大餐面前。”

研究证据支持了卡森的论述，并且认同以间接的方式培养儿童的亲环境认知与行为。最近，一项研究探索了儿童体验自然的方式是否以及在何种程度上与公民的环境意识及致力于基于自然的活动有关。这项研究发现，童年时期更低结构且更自由的游戏在提升成年时期的公民环境意识上，比成人组织的自然活动更有效（Asah，Bengston，Westphal，& Gowan，2017）。其他研究明确将“童年时期在大自然中的快乐经历”作为儿童成长为环保主义者的基本要素。

蜂鸟模式

对于成人在儿童自然游戏中的角色，我们想将其比喻为“蜂鸟”。正如杰米·布莱克（Jamie Black，2017，p. 5）的描述，蜂鸟模式中成人扮演的角色是：

> 作为观察者或见证者盘旋在周围，而不是更传统的说教式指导者……蜂鸟式的引导者会适时地用问题、评论和故事给学习过程“传授花粉”，从而催化、深化儿童萌发中的意识。

盘旋和见证，而不是主导和控制，允许儿童自己发现自然的美妙与奇迹。布莱克（2017）将盘旋描述为“积极地存在”和“温柔地指引”，是一种没有介入的“在场”。盘旋而不是指导，允许自由、自主、创造力和意识的自然发展。

下一个重要步骤

我们看到一些民居院子、花园、早期教育中心、街区公园、动物园、自然角和其他社区机构里的成人，已经在用创造性的、恰当的方式让幼儿亲近自然，这值得庆祝和鼓掌。但是，我们还需要问自己：“我们已经做到了吗？”当今社会的许多迹象表明，让儿童与自然进行有意义的、恰当的互动成为每个儿童生活中必不可少的一部分，我们还有很长的路要走。我们如何实现这一目标？有人提议，我们要依赖早期教育领域的领导者，尤其是那些已经在其影响范围内积极地让儿童亲近自然的人。如果这些人不仅仅是他们自己项目的领导者，也成为所在社区的领导者，会怎样呢？如果他们与社区其他领域的人（如城市规划师）建立伙伴关系来拓展儿童接触自然的机会，会怎样呢？如果他们找到有效的方式，指导和支持家庭、同事和社区团体，倡导让自然成为幼儿生活的一部分，会怎样呢？如果他们在自己的社区建立跨学科的自然游戏团队，共享让儿童亲近自然的资源和想法，会怎样呢？

虽然从事幼儿保教工作的人们已经在自己的工作中面临了许多挑战，但是让他们竭力成为更广大的群体中的改革推动者，是我们确保当今和未来的儿童拥有 个更美好的世界所必须要采取的下一个重要步骤。

第 5 章　儿童的整体发展

有一个孩子每天向前走去，他最初看见的东西，他就变成那东西。

——沃尔特·惠特曼[①]（Walt Whitman，1855）

在为儿童设计环境时，应当充分考虑儿童整体的健康发展。这需要注意儿童的每一个发展领域，以及儿童萌发中的好奇心、想象力和惊奇感。就促进儿童的整体发展而言，可能没有什么比在自然环境中游戏与学习更有效了。

与领域相关的技能

童年时期的发展领域有时被列为适应性、审美、认知、社会性、情绪情感和身体。灵性是儿童发展的另一个重要方面，我们可以将它看作发展领域之一，或者是一把涵盖和支持其他领域的“伞”。沙因（Schein）认为，灵性可能是儿童所有发展领域的初期形式。

适应性发展

适应性指的是儿童能够适应周遭环境，并独立行动。户外自然环境能够提供多样性、挑战和无限的动力来源。这种环境为儿童提供机会，

① 沃尔特·惠特曼，美国诗人、散文家、新闻工作者及人文主义者。——译者注

让他们把在高结构化的环境中学习的技能应用于低结构化的环境中。例如：在室内，儿童能够在规定的“整理时间”内按照要求练习把积木放到架子上；在室外，儿童也许可以用石头把一个花坛围起来。在每一个例子（即积木和石头的例子）中，儿童都将东西捡起来并用有秩序的方式将它们排列整齐。在室内，这个任务是预先设定的——积木应当在游戏时间结束后被放回架子上。物归原位，便是一种对教室环境的典型理解。然而，在户外，规则通常相对放松。开放性材料存在的目的就是被操作和移动，因此它们有多种用途，可以被放到不同的位置。前一天被用来围住花坛的石头，第二天可能就会被“装在”桶子或小推车里。不必在游戏时间结束后，将自然的开放性材料（石头、种子、叶子等）“收起来”。但是，捡起物体并用有秩序的方式将其摆放好的适应性技能仍然能够得以练习。相对于室内，儿童通常更积极地在室外练习适应性技能。自然环境非结构化的特征便是动力来源之一，“趣味因素”当然是另一个。

“寻求帮助”是幼儿的另一个需要发展的适应性技能。在室外，促使幼儿寻求帮助的情境，如爬树、保持平衡地过雪堆，或者给水龙头接上一根胶管。当然，明智的成人只给儿童提供必要的帮助，从而让他们能够体验成功。

审美发展

审美可以被定义为对自然和艺术之美的敏感。这种敏感并不能通过谈论来培养，而只能通过不同的方式来体验，如枫树上色彩灿烂的树叶、雨后泥土的芬芳、鸟儿的歌唱或者小猫柔软的毛发。自然界以其丰富得令人感到不可思议的感官刺激，提供了体验美的无限机会。因此，我们可以很容易地看到，自然如何成为培养幼儿美感的绝佳资源。

冬日的一场初雪也许能够为儿童提供难以忘怀的第一次体验雪的经历，看到天空中的一道彩虹也许是一个 3 岁儿童从未体验过的事情，观

察一只蝴蝶从一朵花飞向另一朵花也许能为儿童提供一场异常惊喜的视觉盛宴。

幼儿拥有一种不寻常的能力，他们能够用创造性的方式体验自然界的美。他们对于自己在自然中的所见所闻的解释，并不局限于科学的认知方式，这可能是因为与自然有关的经验对他们来说还很“新鲜”。

成人可以通过尊重儿童认识世界的方式，同时引导他们注意自然之美来支持儿童审美的发展。你也许可以说“今天的天空有好多种颜色”，或者“我喜欢这些叶子的感觉，它们很像皮革”。这种表达方式鼓励儿童更近距离地观察周围的世界，认识其美的特质。成人还可以鼓励儿童通过绘画、涂色、舞蹈等创造性的表达方式，从视觉上呈现他们在自然界中观察和体验到的一切。再现不仅有其独特的美，也有助于儿童欣赏所再现的事物、过程以及艺术表达成果的美。

认知发展

自然界还为儿童提供了许多促进他们认知发展的机会。操作自然材料帮助儿童了解周围世界的物理特征，他们通过体验，了解岩石的坚硬和草坪的柔软之间的区别，了解水的不同形态（液体、冰和雾）的性质，还通过与蜘蛛网的脆弱进行比较来了解大树的强健与坚硬。通过实验，他们发现有些东西会浮起来，有些东西会沉下去，鸟儿更喜欢某些种子，一桶沙比一桶树叶更重。

幼儿还通过使用他们的所有感官来发展认知能力。通过感官收集的信息形成了他们的知识基础。幸运的是，户外自然环境为儿童提供了许多体验所有感官的机会，包括视觉、肌肉运动知觉、触觉、听觉、嗅觉和味觉。以下这些例子展示了自然界刺激感官的方式。

- 儿童可以通过有趣的形状、颜色与形式来体验视觉刺激，它们都很容易在植物、泥土、水、沙等自然材料中找到。
- 肌肉运动知觉影响儿童的空间知觉，帮助他们理解自我与所处环境之间的关系。这种知觉还会影响儿童的眼－手和眼－足协调能力，在发展平衡和协调能力中发挥着重要作用。树、木头、岩石、小角落、不同的地面高度、桥、灌木丛、长凳、阶梯和小径，都吸引儿童通过攀爬、打滚、跳跃、爬行和弯腰等活动来发展肌肉运动知觉。自然环境的不同方面为儿童的活动提供不同的可供性（有意义的活动的可能性）（Lerstrup & van den Boesch，2016）。
- 触觉与触摸有关，涉及身体的整个表面。户外环境刺激触觉的方式包括由热到冷的温度，拂过儿童皮肤的微风，不同植物材料从软到硬、从光滑到粗糙的质地，或湿或干、或硬或软的泥土等。鼓励儿童挖土、玩沙、用水做实验、收集自然材料、在不同的天气条件下在室外停留，都能刺激他们的触觉，促使他们形成对于自然界的新的理解。
- 听觉会受到不同声音的刺激。在自然环境中，儿童会置身于室内不常听到的声音之中，如鸟叫声、滴水声、树叶的沙沙声、树枝相互摩擦的声音等。在户外的时候，应该鼓励儿童关注和识别他们周围不同的声音。儿童也可以用自然材料制作简单的乐器，这可以提供额外的听觉刺激，帮助儿童改善他们的听觉能力。也可以添加风铃。

- 嗅觉在户外游戏中会受到多种多样的刺激。儿童游戏的地方应当靠近有独特气味的植物，如花、香草和水果树。儿童也可以通过摩擦或碾压树叶和小草，来探索不同的气味。
- 通过户外游戏刺激味觉，但是必须是在成人的小心监护之下。一些幼儿可能想尝尝植物的某些部分，甚至可能还有泥土。确保儿童不会吞下对他们有害的材料的第一道防线就是，确保没有毒素流到儿童的游戏区域，并且所有的植物都是无毒的。应告诫儿童，在没有询问成人的情况下，不要品尝任何东西。为了在户外环境里刺激儿童的味觉，成人可以提供来自自然的食物（水果、蔬菜、坚果、种子）、用于享用餐食和点心的富有吸引力的聚会场地。让儿童参与餐食和点心的准备过程（制作三明治、清洗水果等）可以帮助他们欣赏所吃的不同食物的特质。让儿童参与小菜园的耕种和收割工作是另一种刺激他们味觉的绝妙方法，可以帮助儿童认识健康的食物以及知道这样的食物从哪里来。和儿童一起进行园艺活动还有益于提高他们的自尊心和胜任感。

社会性发展

社会性发展的整体目标是，让儿童与他人建立关系并从中获得享受。为了实现这个目标，儿童必须学习如何与他人进行有效的沟通、在社会期望的规范中自我管理，并在不同的群体环境中认知自己的位置。在户外自然环境中，儿童很容易获得这些能力。事实上，有研究发现，儿童在自然环境中的游戏比在传统的操场上的游戏往往更具有合作性，能够引发更多的积极互动（Bell & Dyment，2008；Chawla，2015；

Dennis et al., 2014)。

户外环境和儿童对自然材料的使用通常会促进不同形式的沟通。对于材料使用方法的新发现和新颖的想法，往往能够激发儿童之间的讨论。海伦·凯勒（Helen Keller）在学习沟通的过程中理解的第一个单词是“水”，这是一件很有意思的事。海伦失明且失聪，因此她的老师安·沙利文（Anne Sullivan）尝试着通过在她手里写字来与她进行沟通，但是没有取得多大的成功，海伦无法完全理解词语的含义。有一天，有人在抽水的时候，安带海伦去抽水机旁边，于是一切都改变了。安把海伦的一只手放到抽水机的管口下方，同时在她的另一只手上写“水”。海伦后来叙述了这件事：

当清凉的水流过我的一只手时，她（安）在我的另一只手上拼写

“水”这一单词，开始很慢，之后很快。我一动不动地站着，全神贯注于她的手指。一瞬间，我感到一股模糊的意识……语言的秘密开始以某种方式向我显露出来。

——英国皇家盲人协会

在随后的几小时里，海伦学会了 30 个新单词的拼写，并完全理解了它们的含义。

也许是水流过指尖所带来的丰富的感官信息，帮助海伦将在手上拼写的单词和水联系起来。不难想象，水流过她的指尖时所带来的体验，比在手上放一个勺子或一本书所带来的感官刺激要丰富得多。

水，就像很多其他自然元素一样，是可被感知的，能够提供多种多样的感官刺激。我们看到儿童被水深深地吸引——他们为它的“湿润”、它的力量、它不同的形态、它“运送”和“举起”东西的方式，以及它在泥土、沙子和衣服中渗透的方式所着迷。其他自然材料也常常是多面的，儿童能够以不同的方式进行体验。比如，树枝、贝壳、石头、叶子等自然材料可以作为语言发展的绝佳道具，因为儿童很乐意交流刺激他们的感官和激发他们的想象力的想法与经历。

情绪情感发展

健康的情绪情感发展对幼儿当前和未来的幸福都非常重要。明白了这一点，就不难理解为什么关注幼儿情绪情感的发展是幼儿保教工作的一个重要方面。然而，这却是充满挑战的。这种挑战的一部分与这样一个事实有关，即儿童情绪情感的发展主要是内在的过程。虽然外在的事件和经历会影响我们的情绪情感，但是内在状态也发挥了重要作用。情绪情感尽管可以通过积极（比如愉快、兴奋、爱）和消极（比如愤怒、嫉妒、悲伤）的方式被表达，但不应当被视为好的或者坏的。情绪情感的表达可以被评价为恰当的、健康的，或者不恰当的、不健康的。

儿童的情绪情感永远都不应该被忽视或否定。他们的愉快、兴奋、恐惧、愤怒等，都应得到承认。儿童在发展情绪情感能力的过程中，需要成人帮助他们理解自己的情绪情感，引导他们如何用社会适宜且有益于个人健康的方式来表达情绪情感。

和其他发展领域一样，为促进情绪情感发展而做出的努力应当聚焦于增强优势而不是修复缺陷。研究和理论，尤其是生态心理学的研究和理论表明，在自然环境中的积极经历对儿童情绪情感的发展十分重要（Louv，2006）。除了要与自然界建立内在的密切关系，人类还有关照自身以外的事物的情绪情感和心理的需要。关照自然界能够满足人们的这种需要，并丰富人们的生活。

对自然的依恋不应当被视作一种奢侈品——它是“童年时期的健康与幸福的钥匙”（Bohling-Phillippi，2006，p. 51）。与自然互动在情绪情感方面有助于缓解压力和获得健康的幸福感（Bohling-Phillippi，2006；Kelz，Evans，& Röderer，2015；Louv，2006）。亲近自然甚至可能是通往人类幸福的道路（Zelenski & Nisbit，2014）。

培育活动，如照顾花朵、小树、虫子或教室宠物，对于愤怒或者受伤的儿童尤其有帮助。让负面能量聚焦于积极的活动有助于恢复情绪。对幼儿而言，照顾其他生命体可以帮助他们形成一种培育者的自我认识（Bohling-Phillippi，2006）。

应当总是以尊重生命体和真正关心自然的状态，来引导自然环境中的创造性游戏。关心野生生物和它们的栖息地往往能够增强个体的成就感，还可能培养关怀他人的意识。自然环境中的积极经历往往也能够培养健康的自我概念、内在控制力，改善个人和社会适应力，强化自我认知（Bagot et al.，2015；Elliott，2008）。

如果不能经常在自然环境中获得积极体验，儿童就会容易表现出一些不健康的情绪或心理状态，比如抑郁和焦虑。理查德·洛夫（2006）在《林间最后的小孩——拯救自然缺失症儿童》一书中，将这种情况称为“自然缺失症”，并指出，它包括生理学和心理学意义上的感知窄化并减少人类经验的丰富性。洛夫还认为，越来越多的儿童被诊断为注意力缺陷，可能与我们电子文化的快速发展有关。通过获得更多的“绿色时间”（与“屏幕时间”相对），注意力缺陷和心理压力的症状可能会得以缓解（Chawla et al.，2014；Faber Taylor & Kuo，2009；Gill，2014；Swank et al.，2017；Ulset et al.，2017）。

在情感联结的背景下，而非追求智力发展的过程中，人们更容易体验到教与学的乐趣。当教学聚焦于儿童的整体发展时，它便是一个神圣的活动。“它也是一种精密的人类活动。”（Wilson，2003a，p. 27）自然环境中的整体教学应当包括反思、讨论和真诚表达。这种方式能够增进教师与儿童之间、儿童与自然界之间的深度联系，反过来，又能反映并促进儿童的情绪情感的健康发展。

身体发展

大部分户外游戏场所都会吸引儿童进行各种不同的身体活动，促进他们大肌肉运动能力的发展，包括：①移动能力（走、跑、双脚跳、单脚跳、蹦跳、滚等）；②操作技能（扔、拍、抓、踢等）；③原地运动技能（弯曲、举起、摇动、旋转、摇摆等）（Kostelnik et al.，2007）。户外运动场地也有利于其他相关身体技能的发展，如空间知觉、平衡觉和知觉运动技能。儿童还会在户外游戏场所中提高自我效能感，这包括知道用获得的技能做什么。当儿童决定爬多高、花多长时间尝试一项特定任务（如骑一辆三轮车）的时候，我们便能观察到他们的自我效能感。自我效能感较高的儿童可能会爬到游戏设备的最高处，然后顺着最长的杆滑下来，也可能会重复走过一段滑滑的木头。自我效能感较低的儿童怀疑自己的能力，可能不会尝试新的技能或很容易放弃尝试。

成人应该鼓励儿童具备强烈的自我效能感，但这并非意味着强迫儿童进行他们感到害怕的，或他们还没有准备好进行的活动。儿童应当被给予探索、观察和模仿的自由。他们也应当被给予时间这一礼物——自己决定什么时候准备好进行更大的挑战。成人既不应该催促儿童，也不应该阻止儿童。儿童渴望独立和成功，这种强烈的渴望激励着儿童，他们此时也喜欢挑战自己。然而，他们通常只会在自己感到安全的范围内活动。这意味着，应该允许儿童进行冒险游戏，但永远不要强迫他们进行冒险游戏。

户外环境在促进儿童身体健康，帮助他们拥有良好的身体素质方面发挥着重要作用。运动是许多儿童的户外游戏中最经常出现的内容，它增加深呼吸和氧气的吸入。运动还能帮助身体的整个内在系统的运作（呼吸、血液循环、消化和排便），有助于避免过度肥胖。一些儿科专家和护理人员正在撰写用户外游戏来解决有关儿童过度肥胖问题的处方（James et al.，2017；Wessel，2017）。他们意识到，过度肥胖的儿童在生理、社会性、情绪情感方面的生活质量普遍比不肥胖的儿童低（Kim et al.，2016）。

虽然当儿童再长大一些之后，身体健康的必要性会变得更加明显，但在童年早期也不应减少对儿童身体健康的重视。“健康的幼儿会将他们的健康持续到青春期。”（Kostelnik et al.，2007，p. 331）幼儿喜欢身体活动，并将其视为生活中正常的、持续的一部分是非常重要的。培养儿童对户外环境和健康活动感兴趣的方式是，鼓励儿童进行相关的角色游戏——露营、远足、玩独木舟等。引发儿童玩这种游戏的道具可能包括帐篷、独木舟、望远镜、手杖等。另一个方式是为儿童提供鼓励奔跑、跳跃、建构、托运和攀登的环境。

精神发展

虽然精神发展并不总是被归为儿童发展的领域，但是越来越多的证据表明，儿童有精神上的能力和经验，并且这些能力和经验能够有力地、持久地塑造着儿童的生活（Hart，2005；Schein，2017）。儿童的精神发展虽然之前一直被忽视，但是关于精神发展的讨论已经开始出现在一些早期教育课本和期刊中（例如，Schein，2014，2017；Wilson & Schein，2017）。由于一些人可能对于将精神发展作为一个发展领域感到不是很确定或不是很舒服，因此我们也许可以使用“灵性”一词，并将其作为我们生而为人必不可少的方面来讨论（Schein，2017）。我们可能还会讨论我们对于精神意义和满足的需求，就像纳里尼·纳德卡尼[①]（Nalini Nadkarni）在她对需求层次的修订中所做的那样。

“需求层次”对于我们许多人来说都很熟悉，它最先由美国心理学家亚伯拉罕·马斯洛（Abraham Maslow）于 1943 年提出。这个需求层次通常以三角形的形式呈现，自我实现在其顶端。马斯洛将自我实现描述为“成就一个人所能成就的一切”。对精神追求者而言，这可能意味着完美，即个人的生活实现了完美的平衡，个人的意图纯粹并实现了开悟。一些思想家和作者，包括纳里尼·纳德卡尼，怀疑这种对自我实现的解释的价值。他们担心这会导致自我放纵或过度期望的倾向，而这可能引发更广泛的社会问题。他们将实现自我价值或成为最好的自己，视作只能通过关心他人的幸福和我们生活的更广阔的世界并与之建立紧密联系才可能实现。

纳德卡尼（2009）在她的著作《在大地与天空之间：我们与树的亲密联系》（*Between Earth and Sky: Our Intimate Connections to Trees*）中建议，聚焦于灵性和正念可能比将自我实现作为目标更有意义。她提出了马斯洛需求层次的修订版，其论述的前提是我们对包括游戏、想象、灵性和正念的渴望或需求。关注这些渴望不会让我们变得完美，但是它们可以极大地丰富我们的生活，以及周围人的生活。纳德卡尼说，自然在满足这些需求中可以发挥重要的作用。

纳德卡尼的思考与理查德·洛夫是一致的。洛夫（2006，p. 34）在

① 纳里尼·纳德卡尼，美国生态学家，开创了哥斯达黎加热带雨林树冠研究的先河。——译者注

呼吁自然与儿童的重聚时，讨论了积极地亲近自然所带来的精神层面的益处："积极地亲近自然，让我们的孩子在生理、认知和精神上幸运不已。"

当然，也存在一些对灵性的误解。其中一种误解是灵性与宗教相关，有时被定义为对超自然力量的信仰与崇敬。灵性事实上与"精神"一致，而不是"信仰"。精神是生命体至关重要的根源或活力，灵性让我们与这种活力相连。

哈特（2005）认为，惊奇是幼儿的"精神能力与体验"，包括敬畏、相通、愉悦、领悟和深深的崇敬与热爱的情感。这些情感通常与神圣感有关，是灵性的必要组成部分，也与深入地亲近自然有关。

虽然儿童早期教育领域的一些研究者与理论家［例如蒙台梭利、福禄贝尔和斯坦纳（Steiner）］越来越关注儿童的精神生活，但是儿童发展的这一方面并没有在专业文献中得到很好的讨论。此外，许多团体还出现了反对儿童精神发展的声音，例如，物质主义、机械主义、盲目竞争和个人主义"倾向于将世界'世俗化'，使之成为任我们操纵的惰性物质"（Hart，2005，p. 165）。这种对自然的"物化"（Colucci-Gray & Camino，2016）也对儿童的精神发展不利。

通过认识、支持和尊敬儿童的惊奇感以及他们认识世界的独特方式，我们可以对抗不利于儿童精神发展的力量。当然，我们无法教授灵性，也不能"给予"儿童整体发展。但是，我们可以支持儿童的精神生活，并用不同的方式促进他们的整体发展。其中一种方式是提供丰富的机会，让他们经常在自然环境中获得积极体验。这样的机会能培养儿童的惊奇感，并帮助他们实现身体、心灵、情感和精神的成长。

惊奇、创造力和想象力

对于与自然亲密共生的儿童来说，自然往往是惊奇、愉悦和敬畏的来源，但这与大部分成人认识世界的方式不同。儿童认识世界的方式很深奥，他们往往凭借直觉就能够触及自然界的本质。

不幸的是，主流教育——包括环境教育和可持续发展教育——往往改变了自然的本质（Selby，2017）。这是由于它们将自然呈现为资源或商品，以及只有工具价值或使用价值的事物。这种思考方式反映了一种典型的西方观点，即人与自然不同，人能够支配自然。当我们以认知或科学理解的方式来呈现自然，而不是以直觉和美学的方式来认识世界时，这种割裂化的观点就会被强化。科学知识通常被呈现和接受为“关于某个事物的知识”，而它事实上是被社会建构和协商过的知识。对解释、可证明性和证明的过度依赖会造成“科学观和世界观的物化”（Colucci-Gray & Camino，2016）。而这反过来往往会形成一种“要么害怕自然，要么疏离自然的感觉”（Colucci-Gray & Camino，2016，p. 34）。

认知表征和理论模型只能提供关于世界的有限知识，更进一步的理解则需要依靠想象和惊奇，这在数世纪以前就被哲学家柏拉图意识到了。他指出，惊奇是知识的来源。伊迪丝·克布（Edith Cobb，1997）在她充满幻想的著作《童年想象的生态学》（*The Ecology of Imagination in Childhood*）中同样认为，我们通过惊奇了解世界。她认为，惊奇不仅是知识的丰富源泉，也是创造力和想象力的基础。

成人可以通过提供探索、实验和再现工具，来支持儿童的惊奇、创造和想象，这些工具包括双筒望远镜、放大镜、带夹子的写字板、写 / 画用具、收集箱、摆放架、挖掘工具、喷雾瓶等。与其聚焦于“教”给儿童自然界的知识，成人更应当聚焦于提高儿童对自然之美与奇妙的认识并让儿童享受其中。

惊奇、创造力和想象力无法被教授，只能通过体验、领悟和个人发现来获得。下面是一些支持这一过程的指导建议。

- 从简单的活动开始。
- 让儿童持续地积极参与。

- 提供愉快且难忘的经历。
- 强调体验而不是教授。
- 示范对自然界的兴趣和热爱。
- 创设温暖、接纳且育人的环境。
- 关注自然之美与奇妙。

从简单的活动开始

“超载”是一种在许多领域中出现的危险实践，包括教育。在帮助幼儿了解他们自己和周围世界的时候，最好的起点是他们熟悉的、简单的事物，这有助于儿童感到舒适和安全。

儿童与自然界互动的机会正在急剧减少。许多儿童到学校和其他教育环境（例如自然中心），但却很少或没有与自然环境直接接触的机会。因此，他们也许不理解甚至毫无根据地恐惧与自然接触。他们可能会害怕树林区的黑暗，可能会认为所有的虫子都会咬人或者叮人。在他们的脑海中，蚯蚓可能是一条有毒的蛇。这些儿童需要逐渐地、小心地进入自然环境中。在能够舒适地行走于林间之前，他们需要熟悉学校院子里的树木和灌木丛。在被询问是否能接受一只毛毛虫或瓢虫在手上爬之前，他们需要观察和帮助照顾教室里的宠物。他们需要知道自然环境是一个可以玩耍的、安全的地方。

下面是一些从简单活动开始的例子。

- 在更大的花园里开展种植活动之前，先让孩子们观察水杯中的一颗豆子或小草种子发芽。
- 在院子里用雪或树叶堆隧道并从中爬过去之前，先让孩子们在桌子上玩雪或树叶。
- 在建议让小马或小牛从他们手上吃东西之前，先让孩子们从“自然之窗”观看小鸟和松鼠。
- 在蹚过一条浅浅的小溪之前，先让孩子们在草丛或沙地里光脚走路。

让儿童持续地积极参与

当儿童积极参与而不是仅仅接受或进行消极活动的时候，他们才能进行最有效的学习。积极参与应当包括与同伴、成人、材料和环境的其他方面进行互动，也应当包括身体和精神的互动。

为了让儿童持续地积极参与，创造吸引人的、回应性的学习环境非常重要。这种环境容忍凌乱，或允许儿童弄乱东西，鼓励探索和实验，并让儿童知道他们是有能力的。教师应当将自己的作用视为帮助儿童发现（或建构）他们自己的知识，而不是尝试做知识的根本来源。这类教师与儿童分享发现的兴奋，他们对实验和探索过程的重视不亚于（或者多于）对结果的重视。

为了让儿童持续地积极参与，根据儿童的兴趣和好奇来制订计划和推动活动发展也很重要。当教师让儿童观看一只鸟收集材料筑巢时，儿童对于人行道上的蚂蚁的兴趣也应当被重视和支持。通过儿童的兴趣来培养儿童的惊奇感远远比通过"指导者模式"——教师事先计划好教学内容——更有效。

提供愉快且难忘的经历

儿童在愉快且难忘的经历中——而不是被强迫或无聊的经历中，形成对学习的终身兴趣。一旦他们发现这个过程是愉快的，他们就会"被学习吸引"。因为这个原因，那种"不要碰"的教与学的方式对幼儿来说永远不会起作用。他们想要拿东西在手上操作，伸出手采摘花朵、挖泥土并在水中嬉戏。

当然，我们并不总是希望花朵或者蔬菜在还没有成熟之前就被采摘，应当找到其他对儿童而言有趣的方式来让他们积极参与，而不是仅仅说"不"。我们可以提供一个有水的喷雾瓶来让植物喝水，也可以建议他们用一个放大镜来近距离地观察叶子，或用一个照相机（真的或假的）来给开花的植物拍照。让活动保持好玩和有趣很重要，因为只有儿

童自己欣赏（和喜欢）活动，他们才会重视我们尝试引入的活动目标或者观念。于是，教师在考虑活动的“快乐因素”时，应投入像考虑“内容因素”时一样多的想法和精力。

强调体验而不是教授

最理想的学习方式是让幼儿进行分享和操作，而不是聆听或观看。他们需要去探索、尝试和跟随自己的好奇心与想法。教师的作用不是给儿童信息，而是为他们提供机会来体验自然环境的丰富性。

儿童天生就有好奇心。如果得到鼓励或支持，他们就会探索周围环境，积极地使用可用的材料进行实验。明智的教师会鼓励儿童去实验、去探索，全力以赴地参与安全的活动。有效的教师还会提供多种多样的材料和工具。

明智的教师知道，当儿童询问“那是什么”的时候，他们并不一定是在询问某个东西的名字。事实上，给他们一个名字（比如“瓢虫”）可能会结束这场对话和探索。有效的教师会意识到，提供一个简单的答案可能会打断儿童的进一步观察和思考。更好的回应方式是提出一些可以引发儿童思考的问题。比如：它是活的吗？它是怎样移动的？你看到眼睛、鼻子、嘴巴或耳朵了吗？你认为它吃什么？这种问题有助于儿童在自然环境中更充分地体验和学习。

示范对自然界的兴趣和热爱

在促进幼儿积极地亲近自然中，教师对自然真正感兴趣和热爱自然十分重要。教师的惊奇感能够激发儿童对自然的持续兴趣，让儿童走进自然。只有少量科学知识储备的教师在帮助儿童了解自然界时有时会感觉力不从心，但他们可以放心，因为许多支持近距离观察和亲近自然的方式并不需要他们知道许多自然科学知识。

下面只是一些建议。

- 提供一个特别的地方来展示自然材料（松果、光滑的卵石、种子、蛇皮等）。
- 让儿童参与植物从种子到长出根茎的全过程。
- 提供展现自然的美丽、多样性和奇妙的书籍和图片。
- 与儿童一起近距离地观察不同种类的植物、岩石、昆虫等。
- 邀请自然学家来分享关于自然的信息。
- 设置并清理喂鸟器或鸟池。

相对于遵从成人的指令而言，幼儿更能通过观察成人的行为来学习态度和价值观。如果成人能够观察一只蝴蝶从一朵花飞到另一朵花，或者一只松鼠从玉米棒上啃食玉米，儿童的好奇心和尊重之心便会油然而生。然而，如果教师从一旁走过却从未注意到自然的美丽和奇妙，儿童便可能会错失来自自然的声音和风景，认为自然并不重要。教师对于自然的热情和兴趣——与自然科学知识相比——更能唤醒儿童的好奇心和参与热情。

教师可以通过停下来观看、感受和倾听，来展现对自然的热情和兴趣。他们可以跪在地上，把脸埋进草丛里享受那里野花盛开的香气；可以用放大镜查看一颗小卵石的许多颜色，或者一片叶子的网状结构；也可以暂停正在做的事情，观看一群大雁因为即将来临的冬日而南迁。

一旦教师示范自己对自然的惊奇之感和兴趣，这种类似的品质便可能被儿童“捕捉”。我们希望儿童在童年早期所获得的学习或发展，更多的是他们自己捕捉到的而不是被灌输的，尤其在了解和欣赏自然界方面更应如此。为了展现对自然界的尊重与欣赏，教师应当带领儿童实践生态责任或环境适宜的行为，例如：

- 积极地照顾动物与植物；
- 使用水和其他材料时，只取用所需要的量；
- 种植花、树和其他多种多样的本地植物；

- 重复使用包装材料和其他材料（纸袋子、盒子、塑料盆等）。

另一种示范照顾环境的有效方式是，通过温柔的行为。关心他人的人对其他生物也很温柔，他们不会折断灌木或树木的枝丫，遇到蚂蚁、毛毛虫或者野花时，他们会跨过或者从旁走过。这些行为是基于“顺其自然”的格言，这句格言适用于鸟巢、蚁丘、野花及岩石与木头下面的动植物栖息地。

创设温暖、接纳且育人的环境

幼儿在温暖且友好的环境中学得最好。他们需要知道，他们受到重视并且可以信任与他们一同工作的成人。教师与儿童之间建立亲密的、相互信任的关系，是儿童在努力探索和实验的过程中感受到安全和他人的支持的必要条件。

早期教育的最佳实践模式呼吁积极的联系与关系（Copple & Bredekamp，2009；Kostelnik et al.，2007）。这些联系与关系需要在儿童与成人、同伴及自然界之间建立。教师主要通过展现尊重与关爱来促进这种关系的形成。

关注自然之美与奇妙

儿童可以了解自然环境中许多不同的事物。他们了解到，自然是一种可以被使用的“资源”；空气、水和光线对于生物来说非常重要；自然界中的元素可以被分为不同的种类，如生物和非生物。但是关于地球，儿童需要知道的最重要的事情是，它充满着美妙与神奇。惊奇感作为激励人们保护地球的最强有力的动机，也能够让儿童尽情地享受和欣赏生活。

第 6 章　整合教与学

如果没有爱，知识将无法坚持；但如果爱先行，那么知识定会紧随其后。

——约翰·巴勒斯[①]（John Burroughs，1919）

本章聚焦于自然环境中教与学的整合。虽然课程通常被分为不同的教学领域（例如科学、数学、读写、社会学习等），但对幼儿——也许对所有学习者而言——整合的教学方式更有意义。我们生活的世界并未被分成独立的部分，这说明认知世界的方式也不应当被人为地划分成不同的学科领域。

我们在思考教育时，有时会犯一个错误，认为学习只是认知领域的学习和技能的培养。适宜的幼儿教育要关注幼儿在所有领域的发展，不仅包括知识与技能，还包括倾向和价值观。

什么是恰当的

听到早期教育者对于 5 岁以下儿童的学业目标是否适宜的质疑并不让人惊讶。许多教育机构已经为幼儿制定了学业目标和标准，这一既成

① 约翰·巴勒斯是美国的博物学家、散文家，国会图书馆美国记忆项目中的传记作家，他被视作继梭罗（Thoreau）之后美国文学的自然散文领域中最重要的实践者；巴勒斯同时还是美国环保运动中的重要人物（维基百科）。——译者注

事实给早期教育界造成了混乱和忧虑。

谈论幼儿的学业目标容易引起这样一种恐惧，即把不适合幼儿发展水平的课程强加给他们，从而对他们造成持续的伤害。戴维·艾尔金德[①]（David Elkind，1987）在他的著作《错误教育：处于危险中的学前儿童》（*Miseducation: Preschoolers at Risk*）中就讨论了这个问题。艾尔金德说，原打算给学龄儿童提供的教育被挪用于幼儿教育，那么错误教育就发生了。艾尔金德（1987，p. 14）说，这种挪用的危险包括短期和长期的风险。就短期而言，儿童变得紧张和有压力；从长远来看，他们可能会有终身的情绪障碍，还可能会失去对学习的兴趣。

早期教育的最佳实践呼吁“儿童中心”的方式和基于儿童自发的兴趣、感觉和已有经验的课程。儿童中心的方式是基于对儿童自发学习的动力的尊重。然而，这并不意味着我们应当放开幼儿的学业目标。我们需要的是与幼儿的学习方式相匹配的策略。早期“指导”的错误教育“并不是因为它尝试去教，而是因为它尝试在错误的时间教错误的东西”（Elkind，1987，p. 25）。

为幼儿设立早期学习目标是恰当的。为幼儿提供学业课程和早期教育的最佳实践通常被分裂和对立起来，但其实它们是可以被调和的——只需要将早期学习目标和用来实现这些目标的方法小心地与幼儿的发展和个体特征相匹配起来。经过仔细挑选的早期学习标准甚至可以被用来作为幼儿学习的重点。

标准或早期学习目标描述的是对教与学的期待。虽然它们可以在研发课程的过程中发挥一定的作用，但是它们也可以被错误地使用。它们除了有让儿童处于不恰当的压力之下的危险，过度聚焦于基于标准的教育还可能夺走教育中的乐趣和主动性。此外，一些早期教育标准和目标主要聚焦于认知学习而忽视了儿童的社会能力的发展、情感健康和“整

① 戴维·艾尔金德，犹太裔美国儿童心理学家和作家。——译者注

体性”。

但是，这并不是一个“非此即彼”的情况。学业目标和发展适宜性实践并不一定是彼此相悖的，它们都可以与早期教育的最佳实践达成一致。丰富的、基于游戏的课程可以是一种落实早期学习标准与期待的恰当而有效的方式，虽然很有挑战性，但是一些教师已经开始实践这种有效的、具有创造性的教育方式。事实上，在“标准”一词被引入教育领域之前，教师就已经在利用每天的任务和生活常规来帮助儿童了解他们自己和周围的世界了。他们通过倾听和与儿童交谈来促进儿童的语言发展，通过阅读和讨论儿童图书促进儿童的早期读写能力的发展，通过为儿童提供丰富的机会让他们操作各种各样的操作性材料（水、沙、木头、草等）和工具（铲子、耙子、放大镜等）来促进儿童对物理世界的理解。

“良好”的早期教育实践支持早期学习目标。实际上，教师可以参考被精挑细选过的早期学习标准和学业目标来让儿童的游戏“更适合学习”（Gronlund，2006，p. 11）。这需要注意以下事项：

- 环境的布置；
- 可用的材料；
- 较长的探索时间；
- 必要的教师支持。

在促进早期教育学习目标的实现中，教师要目的明确，但不能过多干预。他们可以通过设计与特定的早期学习标准和目标直接相关的活动以及提供相关的材料来实现。有时，这也可能包括教师发起的活动——但是很少有直接教学。

环境学习框架

户外自然环境是有意识地实现多种早期学习目标的非常理想的地

方，其中包括环境学习目标。幸运的是，这些目标不需要一个接一个地或者独立地落实，整合性策略相对而言更加高效和实际。北美环境教育协会（2016）在《儿童早期环境教育项目：卓越实践指南》中使用了环境学习课程框架来有意识地促进儿童在各发展领域的成长与发展。框架包括六个主要领域：①社会性与情绪情感；②好奇与质疑；③环境理解能力；④环境认知能力；⑤责任感与关爱之情；⑥身体健康与发展。

以下是一些例子，用以说明自然环境中的游戏如何促进每一个环境学习课程领域的发展，以及早期学习目标的实现。

社会性与情绪情感

在自然环境中进行游戏和探索能够为培养儿童的自信、创造力、合作能力、沟通能力和效能感提供许多机会。当儿童在“烹饪”活动中使用自然材料（叶子、种子、棍子和水）时，仔细观察他们，你就会看到儿童在共同合作的过程中分享观点，协商各自的角色，并展现出成就感。倘若再加以恰当的指导，儿童便能展现出对环境的尊重之心，提高对自然的欣赏能力，增进自己与自然的密切关系。

好奇与质疑

自然环境所固有的丰富性吸引儿童进行探索和发现，从而改善他们的问题解决能力和对因果关系的理解能力。观察儿童在树旁发现和查看苔藓，他们最初被苔藓吸引可能是因为它很软，与树皮形成了鲜明的对比。他们开始好奇，为什么苔藓只长在树的一侧，或者它在没有根的情况下是如何生长的。经历了几天没有雨的炎热天气以后，儿童注意到苔藓变成了棕色。一些儿童建议，给苔藓浇点水，免得它死掉。他们拿来洒水壶，给苔藓“喝”了点水。第二天，苔藓又变成绿色了。一名儿童认为，给苔藓喷水拯救了它的生命，另一名儿童则说：“也许我们只是把它叫醒了！”

在这个情境中，儿童在了解植物及其生长知识。他们正在获得关于植物生命的异同之处的新的理解。在这个过程中，儿童使用了自己的感官，提高了推理能力，并从中体验到了惊讶和欢喜。这些经验不仅有助于提高儿童的科学推理能力，还能培养儿童对自然界持续的兴趣与欣赏。一些研究表明，这种经历也具有其精神层面的意义（Cagle，2017；Schein，2017）。

环境理解能力

观察自然界中的个别元素可以增进我们对环境的理解。例如，发现苔藓长在树上有助于儿童认识到，并不是所有植物的根都长到地下。对于环境的理解还与模式、系统和循环有关。例如，通过与动物互动，儿童发现，动物和人类一样，需要从环境中获得同样的东西。他们还会发现，动物有着和人类类似的生命循环过程，即出生、成长和死亡。

再多给儿童一点鼓励的话，他们就能通过绘画、绘制地图和记日记来表达或者记录他们对环境的理解。这明显与读写相关，有益于儿童。

需要牢记的是，幼儿往往以独特的视角观看和解释现象。例如，不同的儿童用不同的方式看待同一个现象，儿童的解释反映了他们各自的经验。还要注意的是，儿童对他们在自然界中所见所闻的解释，往往不会局限于科学的认知方式。儿童的解释通常更具有审美意义，而且包括了象征、比喻、精神和相关的认知方式（White，2015）。这些认知方式很可能会反映在儿童的绘画和其他与自然有关的经验和想法的表征中。关注儿童的成人可以通过仔细研究儿童的作品和倾听他们的解释，来窥见他们将其世界理论化的杰出能力。事实上，我们可以通过儿童的绘画而不是语言，更多地了解他们对于自然的解释，因为儿童“通常更擅长凭借图像和心理表征而不是词汇来进行思考”（Flowers，Carroll，Green，& Larson，2015，p. 858）。

环境认知能力

观察异同、注意事物之间的联系和顺序、做出预测和进行总结等能够增进儿童对环境的探索。这些能力的发展需要有意义的背景，而这种背景常常在自然环境中已经准备好了。想一想如叶子和种子一样的事物。虽然很多植物都会长出叶子和种子，但是不同种类的植物彼此之间非常不同，它们还会随着季节的变化而变化。制作叶子拓片——有时是富有美感的体验——也是一种绝妙的方法，帮助儿童认识叶子的不同形状和图案。种植种子和观察植物的生长，不仅能够吸引儿童关注植物的生长顺序，也能够吸引儿童注意自然界的奇妙。

“科学活动”可以上升为一种精神上的体验，一种充满了敬畏和惊奇的经验。可以通过多种途径开展环境学习活动。我们既希望儿童发展观察、预测、下结论等技能，也希望他们体验惊奇与发现的快乐。鼓励儿童通过绘画和游戏来记录和分享他们的意外发现，可以帮助他们欣赏认识与体验自然界的不同方式。

儿童的发现通常从丰富的感官经验开始，如注意到太阳底下的岩石摸起来是热的而阴影中的岩石摸起来是凉的，一些植物散发出沁人心脾的气味而另一些则不能，落在窗户上的雨滴声和落在草丛上的雨滴声不同。虽然这些是感官经验，但它们也同样吸引儿童进行探索，并有助于促进他们的环境理解能力的发展。近距离观察就是这样一种能力，惊奇则是另一种。事实上，我们甚至可以将惊奇视作一种“生存技能”（Blake，2008）。“感到惊奇”对于补充我们的内在精神和重新点燃我们与地球之间的亲密之情是必要的。对如今这个忙碌而混乱的世界而言，这确实是一个合理的建议（Schein，2017）。

责任感与关爱之情

当儿童与自然互动时，他们将理解，自己的活动会对其他生物产生影响。浇水会帮助植物生长，让鸟池里的水保持干净则能邀请小鸟到院子里来。观察其他生物并与之互动还能培养儿童的同情心和关爱之情。观察一只小鸟筑巢或者喂养“鸟宝宝”，可以培养儿童的保护意识。此外，园艺也可以培养儿童对自然的同理心。对二年级学生的研究表明，园艺不仅帮助儿童与植物建立关爱的关系，还让他们更加关心昆虫，并渴望保护它们（Fisher-Maltese，2016）。如果没有与生物直接接触的经验，儿童可能永远不会具备这种关爱自然的品质。

身体健康与发展

自然环境是儿童的天然栖息地，能够让儿童获得整体性发展。我们知道，实现理想的健康状态需要身体活动，也需要户外自然游戏场所吸引儿童用多种不同的方式使用他们的大小肌肉。一项聚焦于小学儿童户外游戏行为的研究发现，能够就近接触到自然场所的儿童参与中高强度身体活动的频率，比场地基本被全部覆盖、附近也没有自然环境的儿童的参与频率要高 10% 以上（Pagels et al.，2014）。

让儿童参与种植和收获果蔬的活动是另一种使用自然环境促进儿童身体健康的方式。大部分儿童享受做园艺的过程，而且经常渴望品尝他们帮着种植的新鲜蔬菜。在童年早期参与园艺活动，还可以启发儿童未来自己种植蔬菜的兴趣。当然，园艺也是另一个了解自然界的途径，它还能被用于促进儿童的计算、测量、记录、比较等学业技能的发展。

利用自然元素进行学习

正如前言所提到的那样，环境教育（Environmental Education，EE）有时被描述为“在自然环境里学习、为自然环境而学习和关于自然环境的学习”，但是如果加上“向自然环境学习”，则更能进一步充实我们对于环境教育在人类以及人类与自然界的关系中的作用的理解。也许，加上“利用自然环境进行学习”也能进一步丰富我们的认识。鲁尼（Rooney，2016）在讨论“利用”（with）天气进行学习而不是“关于”（about）天气的学习时，介绍了这一概念。她认为，“关于”天气的学习强化了“天气和自然界的其他元素独立于我们人类”这一观念。鲁尼（2016）说，现在已经到了重新思考人类和非人类之间更加相互交织且依存的关系的时候了。其他学者认同这一观点（Davis & Elliott，2014；Elliot & Young，2016；Hedefalk et al.，2015；Nxumalo，2017；Taylor，2017；Taylor & Pacini-Ketchabaw，2016；Wang，2017）。

鲁尼（2016）从最近关于儿童早期可持续发展教育的文献，和联合国教育、科学及文化组织（UNESCO）关于《可持续发展教育》（Education for Sustainability）的文献，以及澳大利亚政府发布的《早期教育学习框架》（Early Years Learning Framework）中借鉴了思考人类与非人类的关系的新方法。她还从“共同的世界”的视角借鉴了将世界视为由人类、非人类和其他事物所共享的地方的观点。从这种视角出发，天气被视为儿童与自然环境的其他元素之间复杂而亲密的关系中的一部分。这种观点与其他关于天气的普遍观点不同，例如，天气是生活中偶然发生的事物，或者是一种我们观察和记录到的事物，或者是一种我们尝试管理或保护自己免受伤害的事物。

鲁尼就如何帮助儿童“利用”天气进行学习而不是“关于”天气的学习提出了建议。她举了几个例子，如观察蛇和其他爬行动物如何在炎热的天气里到开阔的地方寻找太阳的热量，以及雨水如何把一些生物冲离它们原来的住所。她说，这种观察可以帮助儿童认识到，生物在某地的生活经历与天气有关。鲁尼提供的其他建议还包括：①让儿童在下雨或刮风的天气里行走，并注意自己的感官体验和情感；②帮助儿童与特定的场所建立联系，并定期带儿童来这里，以便让他们意识到风化在时间的推移中所发挥的作用。

鲁尼关于天气的建议可以被应用于许多其他的自然元素。与其进行“关于”自然的学习，儿童更应该被给予“利用”自然进行学习的机会。这对于幼儿教育工作者来说仍然是一个挑战。

并非非此即彼

儿童早期环境教育的另一些挑战包括寻找学业和兴趣之间的平衡，以及结构化的（教师主导的）和非结构化的（儿童自发的）活动之间的平衡。我们需要牢记在心的是，两者都可以选择，即学业和兴趣，结构化与非结构化的活动。采取整合的方法进行教与学，既有助于培养儿童亲环境的态度、倾向和行为，也有利于其他早期学习目标的实现。

实现读写目标

一个将有关早期读写的环境目标与学业目标相整合的例子是，当儿童大声朗读的时候，他们对书和儿童读物表现出兴趣。虽然很多教师每天都在读故事和书籍，但他们经常在室内进行。在户外分享故事和书籍可以增加多样性和提高儿童的兴趣，也能培养儿童对自然界的兴趣。对一些故事和书籍而言，户外环境比室内环境更能提供有意义的背景。可以仔细选择一些与环境相匹配的书籍，例如在一棵树下读关于树的书、在花园里读关于向日葵的书。还可以选择一些书籍来帮助儿童增进对游戏场地和场地周围的自然环境的认识，比如关于岩石、蚯蚓和蝴蝶的纪实类书籍。

在户外分享书籍可以面向一名儿童或一群儿童。在柔软的草坪上围成一圈坐下来，对参与小组故事会的儿童来说是令人愉悦的，但是其他特别的“聚会场地”也可以被使用，例如，坐在原木、岩石、树桩等上面就很有趣。儿童在户外的时候也许想自己看书，一把小小的儿童长椅

对儿童来说便是一个独自或与朋友一起看书的好地方。

一些教师比较犹豫是否要将书籍带到户外，主要原因是担心书籍被损坏。当然，书籍应当受到尊重，但是背包、篮子、手推车就能很好地将书籍从室内运到室外。

另一个通过投入自然环境可以实现的早期读写学习目标，聚焦于增强儿童对写作过程的兴趣和理解。你可以在一天中的不同时段为儿童提供多样的机会来使用各种各样的书写工具和材料，从而促进早期读写学业目标的实现。这种机会不应当被局限在室内环境，多样的户外角色游戏活动可以促进儿童早期读写能力的发展——做“实地记录”或记日记、画地图、记录天气变化和植物生长都可以在自然环境里实现。

工具箱 6.1 凯亚的书

双鹰学校一年级的某一个班的所有儿童正在了解作者和插画家，以及鸟类及其栖息地。6 岁的凯亚基于她正在发展中的理解与技能，撰写了一本关于一只鹰的书，并配上了插图。

在书中的一页，她写道："我是一只鹰，我能翱翔，还能捉鱼。"她的插图描绘了一只嘴里叼着一条小鱼的老鹰。插图中还描绘了晴朗的天空，一个池塘和一只乌龟。在下一页，凯亚写道："我抓到了一些鱼来喂我巢中的宝宝。"这里，插图描绘了一只鹰妈妈正在给它的宝宝喂鱼。现在，天黑了，还下起了雨。在分享她的书的时候，凯亚解释了当天气变得风雨交加以后，鹰妈妈如何匆忙回巢喂食并保护它的宝宝。

凯亚的书不仅反映了她的读写技能和已拥有的环境知识，还反映出她的生态换位思考能力以及环境敏感性。

工具箱 6.1 的故事便是一个将读写和环境目标整合进活动中的例子。

实现数学目标

数学领域中的一个早期学习目标是根据不同的特质（形状、尺寸、颜色等）将事物进行匹配和分类。很多种类的自然材料（石头、贝壳、松果、种子、枝条等）正好有助于儿童这样做。自然材料刺激儿童的多种感官（例如视觉、触觉、气味等）和兴趣，因此儿童往往对自己收集的自然材料更感兴趣，而不是教师事先收集好的材料。自己收集材料的过程还可以帮助儿童将物品及其自然环境联系起来，比如松果和橡子都来自树上。

可以通过提供各种各样的托盘和其他用于展示材料的容器，来鼓励儿童对自然材料进行排序和分类。鸡蛋盒、鞋盒、分类托盘等就能很好地发挥这一作用。最好是允许儿童在整理和排列材料时，有机会发挥自己的创造力和实现自我主导。儿童总是渴望分享他们排列和展示材料的想法，因此倾听的耳朵总是受欢迎的。排列过程中，儿童与教师之间的对话有趣而且具有指导性。然而，谈话的范围和方向应当由儿童决定。

自然环境中的开放性材料可以帮助儿童学习向上、向下、后面、上面、下面、附近、旁边等空间概念。儿童的身体在空间中的移动（爬上木头、站在树下、从树叶堆中间跑过等）也可以帮助儿童理解这些概念。当儿童在户外环境里进行工作和游戏时，教师可以假装漫不经心地描述儿童正在做的事情。她们可以描述或讲述儿童表现出的有关空间概念的行为（“你从木头上爬了过去”“雷蒙娜把松果放进了篮子里”）。

频繁操作自然材料可以培养儿童对测量以及比较物体大小的方式的理解。从大和小的初步概念开始，他们将逐渐理解更准确的比较关系（更大、最大、更长、更重、更小、更短、最短等）。有许多不同的方法可以促进儿童理解这些比较关系：

- 当儿童在操作物体和比较它们的尺寸时，不断地与儿童进行交谈；
- 示范测量和比较物体的方法——有时使用标准测量工具，有时使用非标准的参照物（“这片叶子比我的手还大”）；
- 提供不同的测量工具（尺子、秤等）；
- 用简单的图表记录测量的结果，尤其是测量儿童持续参与的活动中的事物（不断生长的植物、成熟番茄的数量等）；
- 鼓励儿童寻找方法（绘画、素描、图表等），记录他们在测量活动中所得出的结果。

实现科学目标

自然环境还可以提供丰富的科学探索机会，因为那里有太多可以探索的元素和过程，以及各种各样的情境，有助于引发“如果……会怎样”和“为什么”的问题。其中，有趣的情境可以鼓励儿童自己解决问题。

首先，儿童在进行有目的的探索之前会进行大量的试误。通过与儿童一起观察、体验，并讨论材料的使用方式，成人可以鼓励儿童理解科学探索。当儿童进行探索时，成人可以向他们提出开放性问题（“你觉得这只动物住在哪里？”“如果我们把这棵植物移到玩沙区，你觉得会发生什么？”“你有没有注意到这条路上发生了什么变化？”“你还能想出什么别的办法用这块板子来运输石头吗？”）。成人应当鼓励并积极回应儿童的问题和评论。挑战儿童的思考是可以的，但要怀着探索的精神和积极支持的态度——“你为什么认为马上就要下雨了？”“你还有什么办法让那颗岩石待在原地？”

另一种促进儿童科学探索的方式是，鼓励儿童记录或呈现他们的观察和发现。儿童可以画出自己的经历，也可以画图表来记录自己的发现。

在自然环境中很容易实现的一个早期科学学习目标是，理解生物需要栖息地。虽然可以走动且有嘴和爪的动物对儿童来说有些可怕，但了解动物的栖息地和食物能够减轻儿童的恐惧并唤起他们的兴趣。观看视频和阅读书中的图片永远也无法让儿童真正熟悉动物。在观察蚂蚁、蚯蚓和小鸟时获得支持的儿童，会很快将动物与其对栖息地的需求建立联系。近距离观察也有助于儿童更加熟悉动物，并最大程度地减少毫无根据的恐惧感。

可以提供放大镜、望远镜、真的或假的照相机、带夹子的写字板、绘画材料、黏土等支持儿童的观察。成人仔细注意儿童的评论和问题并积极回应他们，也是一种支持儿童观察的方法。

教师可以通过设置鸟池和喂鸟器来促进儿童仔细观察小鸟，也可以为儿童提供小段的纱线和小团的棉花球，让他们在筑巢季节放到户外。曾有一名教师将一个鸟巢带进了教室，那是她去年冬天在自家后院救下来的，因为风把空鸟巢从树上吹了下来。她让儿童观察鸟巢，并列出建构鸟巢的材料清单。第二天，教师向儿童提出了一个挑战：“你们可以做一个自己观察过的那种鸟巢吗？”教师和儿童收集了前一天列出的材料，儿童很热情地投入工作。没过多久，他们就深深地赞叹小鸟的筑巢技能和“天赋”。

促进审美的发展

户外自然环境是促进儿童审美发展的理想场所，因为儿童在这里很容易就会发现审美的乐趣，而且喜欢与鸟、花、雨和树等自然材料互动。接触这些自然材料“让儿童在户外这个令人敬畏的、充满生命脉动的交响曲中，在身体和精神方面都更加愉悦”（Honig，2017，p. 3）。

桑德拉·邓肯（Sandra Duncan）建议，在儿童与自然互动时，让孩子将自己视为采集者、观察者和创造者。作为采集者，儿童收集自然的礼物，如光滑的卵石，或脆脆的树皮；作为观察者，儿童会花时间探索他们的采集品并决定如何展示它们；作为创造者，儿童会通过雕塑、涂色和绘画等艺术方式表达自己对于自然礼物的感受和想法。把自然材料融入艺术活动中可以引发儿童注意自然的奇妙，培养儿童对自然之美的欣赏。

将艺术与环境教育结合起来的方法有时又被称为“生态艺术”。它已经被证明不仅能够有效地促进儿童审美能力的发展，还能加深儿童与自然界的联系（Flowers et al.，2015）。生态艺术通过培养创造性思维和问题解决能力来提高环境素养，它还与环境教育的几个教育学立场一致，包括直接经验和基于场地的学习（Song，2010）。此外，艺术提高了儿童参与和领会复杂概念的能力，同时促进了他们与物体和场所的情感依恋和亲密联系。“艺术有一种独特的能力，能够将儿童的大脑、手、心和他们所生活的自然环境联系起来。”（Flowers et al.，2015，pp. 847-848）

还有许多通过自然提高音乐欣赏能力的方法。关注自然的声音（由雨、风、昆虫、鸟等发出的），可以让听觉更加灵敏。使用自然材料制作音乐器材可以激发儿童对自然以及音乐的兴趣，同时还能提高创造力。风铃——可以用竹条或贝壳等自然材料制作——可以为户外游戏场所带来音乐。

“音乐与律动区”是自然探索教室中被推荐设置的区域，这基于两种认识，即“音乐和律动对儿童的健康发展非常重要”和“户外环境为儿童提供音乐实验和律动表达的理想场所”（National Arbor Day

Foundation，2007，p. 16）。自然在“音乐与律动区”中不仅是创造性表达的“环境”，也是灵感本身。

整合性课程

表 6.1 呈现的是活动 / 学习表，它将不同的户外活动与本章所讨论的一些学业领域联系起来，目的是让人们注意到，一项活动可以满足不同学业领域的多元目标。它强化了这样一种认识，即早期教育课程应当是整合的，不应被分为彼此独立的学业领域。

表 6.1 活动 / 学习表

户外游戏活动	支持材料	语言与读写	数学	科学	社会学习
角色游戏，烹饪	• 食谱卡 • 锅和盘 • 量杯 • 搅拌器皿 • 塑料餐具 • 自然材料 • 水	•“阅读”方法 • 分享观点 • 进行指导	• 计算 • 测量 • 比较	• 观察性质 • 观察变化	• 喜欢不同的食物和不同的食物制作方法
建构	• 棍子 • 沙 • 胶带 • 硬纸板盒 • 绘画材料 • 石头 • 参考书	• 画出设计图 • 学习书籍 • 分享观点	• 测量 • 比较	• 提出假设 • 考虑“如果……会怎样” • 了解引力	• 欣赏不同的工作

（续表）

户外游戏活动	支持材料	语言与读写	数学	科学	社会学习
园艺	• 适合儿童的工具	• 种子目录 • 种子包装袋 • 观点速记	• 计算 • 比较	• 了解天气 • 了解植物 • 了解食物	• 喜欢不同的工作、不同的食物、不同食物的制作方法
野外研究	• 素描书 • 写字板 • 绘画 / 书写材料 • 指导手册 • 放大镜 • 收集盒或收集袋	• 学习书籍 • 记录观察 • 制作图表	• 计算 • 测量 • 比较 • 分类 • 配对	• 假设 • 科学探索 • 得出结论 • 使用观察工具 • 了解生态系统	• 制作地图 • 地理意识

高质量的早期教育机构中的教师特别重视早期学习目标，并寻找将读写、数学、科学、艺术、音乐活动嵌入儿童自己挑选的探索和有目的的游戏之中的方法。他们避免“技巧和训练”活动，通过游戏化的、探索性的活动，以整合的方式帮助儿童进行学业学习。而且，在用发展适宜的方式实现早期学习目标时，他们常常将自然环境作为丰富的背景。

艾丽斯·霍尼格（Alice Honig，2017）将户外自然环境称为“幼儿学习的特别场所”，并说明了户外经验如何拓展儿童在不同领域的学习。同样的观念——有时又被称为“基于自然的学习”——受到了全世界的支持与推动。对于基于自然的学习方式的学术性支持在早期教育阶段特别具有说服力（Dennis et al.，2014；Elliott，2008；Kiewra & Veselack，2016；Kochanowski & Carr，2014；Miranda et al.，2017；Wilson，2016）。

第7章　亲环境的态度与行为

土地伦理将人类的角色从土地共同体的征服者变为其中平等的一员和公民。

——奥尔多·利奥波德

有人可能会问，自然游戏与环境教育或环境伦理的发展有什么关系？还有人可能会问，应该在什么时间告诉儿童，他们在“保护地球”中发挥着一定的作用——8岁？6岁？5岁？甚至更早一些？这个问题并没有简单的答案。家长和早期教育者常常受到这些问题和其他相关议题的困扰。他们询问：“我们应该教幼儿有关濒危物种的知识吗？可以采摘野花、捕捉昆虫或其他小动物来进行近距离的学习吗？幼儿应当参与清理小溪或社区公园的活动吗？”

我们许多人都想帮助儿童了解自然，而且感到向儿童灌输保护自然的责任感似乎迫在眉睫。但是，我们可能不确定什么是合适的教育内容，以及如何培养环保态度或环境伦理。

明确地说，“拯救地球”运动在儿童早期是不合适的，这么说是有原因的。虽然目前的环境问题需要人们的广泛关注，但是我们不应当将它放在儿童的肩膀上，放进他们的脑海中。将这个重担交给儿童，在本质上是要求他们修好一个他们没有打破的东西，或是给他们分配一个他们还没有准备好应对的任务。儿童使用“拯救地球”的方法可能会导致将问题过度简化，也可能导致儿童产生恐惧和无助的感觉，这都不利于积极环境伦理的发展，而且恐惧和无助的感觉也与儿童的最佳利益相悖。那么，我们应该怎样培养儿童的亲环境态度和行为呢？儿童环境教育是答案吗？或者，我们应该更进一步关注儿童的可持续发展教育吗？

由联合国提出的环境教育的目标之一是“给每个人提供掌握保护和改善环境所必要的知识、价值、态度、承诺和技能的机会”（UNESCO，1977）。保护和改善环境便是环境教育的最终目的。许多机构通过提供聚焦于环境的事实或在环境里的活动来完成这一任务，但却很少涉及关爱环境，幼儿阶段可能尤其如此（Busuttil，2016；Davis，2009）。

并非所有的自然游戏行动都是环境教育活动，因为它们的具体焦点可能是儿童的整体发展而不是环境。然而，如果一项自然游戏行动的定位确实是环境教育活动，那么期待它保护和改善环境便是恰当的。如果我们期待自然游戏能够真正地治愈导致环境危机的主要诱因（即人与自然的失联），那么关爱环境必须是其焦点之一——不仅仅是关于环境的学习和在环境里学习。没有这个焦点，自然游戏在治愈人类与自然的分离中所发挥的作用可能不过是“急救绷带”而已（Elliott & Young，2016）。

儿童早期可持续发展教育

“环境教育”一词在有些讨论中被“可持续发展教育”（education for sustainability，EfS）代替（Davis & Elliott，2014）。在幼儿保教工作中，人们通常使用“儿童早期可持续发展教育”（Elliott & Young，2016）。让我们不得不思考可持续性的最紧迫的原因是，环境破坏问题的迅速恶化。目前，可持续性对我们来说是一个艰巨的责任，它不再是一个选择，而是一个生存问题。

“环境教育”和“可持续发展教育”在某种程度上体现了不同的哲

学方向和期待。例如，环境教育将自然看作一种区别于人的事物—— 一种需要人们进行了解、体验和保护的事物。然而，“可持续发展教育”强调关系，它引发学习者反思和回应他们与自然界的关系，并基于对相互关联性和人类与环境的伙伴关系伦理的理解。在可持续发展教育中，人被视作“与自然并存、是自然的一部分，而非仅仅在自然之中”（Elliott & Young，2016，p. 62）。

在童年早期强调可持续发展教育的原因之一是，避免儿童对自然和人与自然的关系的思考在未来发生变化。另一个原因是，现实世界的问题（包括环境破坏）“已经成为儿童日常生活的一部分，不论我们多么不希望这样”（Busuttil，2016，p. 66）。一些研究表明，幼儿已经能将保护自然环境作为一种道德义务（Berto & Barbiero，2017）。早期可持续发展教育将让儿童参与和体验群体在改变中所展现的力量。

近来的研究表明，全世界的学前儿童都十分了解地球，对于环境问题也有许多重要的想法。许多儿童也意识到人类对于环境可持续发展所肩负的责任（Engdahl，2015），并且对自然有一种“保护天性”（Rios & Menezes，2017）。甚至，连 3 岁的儿童都坚信，伤害环境的行为是错误的（Kahn，2006）。

近来的一项实验研究了 5 岁儿童对于影响环境的行为的道德判断，研究结果基于儿童对插画故事中虚构人物的行为的回应。相对于以伤害环境的结果为结尾的故事，当故事中有积极的环境结果时，儿童更倾向于认为人物的行为正确并且人物应获得奖励。这个研究表明，即使在童年早期，儿童也能表现出对自然固有价值的敏感性（Margoni & Surian，2017）。

不幸的是，成人往往低估了儿童的能力和兴趣，不仅是与环境有关的教育如此，其他方面的问题也是如此。如果儿童早期可持续发展教育得以合理落实，它就会被证明是“早期教育质量的推动器”，因为它重视和尊重儿童的思考能力以及超越个人利益的行动能力（Engdahl，

2015）。它还让儿童相信自己的潜力和能力（Busuttil，2016）。这种自主感会一直持续到成年期，有助于丰富个体的私人、社会和职业生活。

“拯救塔莫的地方”（Saving Tammoland）（Keating，2017）便是儿童运动拯救自然场地不被纳入发展规划的例子，这件事直到50年后还被人们津津乐道。这次运动开始于1965年，一群儿童——其中最小的5岁——参加了拯救他们的游戏场地不被纳入住宅区开发范围的运动。塔莫是社区里的一名艺术家，他加入了儿童运动，与儿童一同拯救他们热爱的游戏场地，儿童以塔莫的名字将这个地方命名为“塔莫的地方”，同时，这里也是野生动植物的天堂。虽然儿童运动没有实现其最初的目标，但是它确实注入了一种持久的自豪感和主体感，也有助于儿童一生都具有积极的公民意识。

如今，学者和社会活动人士将“拯救塔莫的地方”运动视作社会层次的儿童与成人合作的最佳实践的一种典型。对于后人来说，它见证了参与社会活动能够强有力地提升儿童积极的终身公民意识。

但是，在早期教育阶段进行可持续发展教育的想法仍然困扰着一些人，他们担心可持续发展教育与适宜幼儿的教育相悖。然而，深入地理解可持续发展教育则会得出不同的结论。可持续发展教育基于一个前提，即人类（包括幼儿）可以作为变化的推动者去创造与自然界更加和谐的社会（Busuttil，2016；Hedefalk et al.，2015；Williams & Chawla，2016）。早期可持续发展教育不是教儿童环境知识和可持续发展知识，而是教育他们行动起来，做出改变。这种方法需要人们认识到，儿童可以为自己考虑，也能够做出深思熟虑的决定（Hedefalk et al.，2015）。

幼儿可能不理解“可持续发展”这个词语，但是他们可以体会其含义与价值。他们能够理解“共享资源”——有些事物是他们和其他生物的生存所共同需要的，如空气、水、庇护所和食物（Engdahl，2015）。通过近距离观察——尤其是在成人的支持下——幼儿也能够认识到，自然远远不止是各自独立的元素，我们在利用自然时也不能不考虑环境中一个因素的改变会如何影响其他因素，以及一些我们所使用的自然资源多么有限（Busuttil，2016）。

落实早期可持续发展教育面临着挑战。其中一些挑战是由态度，或者对早期可持续发展教育的不全面的理解所带来的（Duhn，2012）。个人、专业、文化视角和优先事项可能会成为接受与落实早期可持续发展教育的阻碍。正如前文所讨论的那样，“可持续发展”一词本身对一些早期教育者而言就是一个阻碍。使用其他词语则可能有助于促进早期发展与学习中的可持续性思考与实践，如生态身份、共享资源以及“共同的世界”视角。

理论框架

合理的亲环境的态度与行为框架包括三个与早期可持续发展教育有关的概念：生态身份、共享资源以及“共同的世界”视角。生态身份可以指向一个人或一群人，而共享资源与“共同的世界”视角则指向的是一群人的共同认识。

生态身份

生态身份或生态自我的重点在于人类与自然环境的联系和对自然环境的态度。个体和群体都可以发展生态身份。一个或一群有健康的生态身份的人会意识到，自己是自然界的一部分——而非独立于自然（Wang，2017）。

值得注意的是，个体和群体身份是相互独立的。儿童会接受他人呈现（或强加）给他们的集体身份。但是，个体有能力也愿意假设（或重塑）自己的身份（Williams & Chawla，2016）。生态身份的概念与拥有生态伦理不同，生态伦理聚焦于我们做什么，而生态身份则聚焦于我们是谁，以及我们怎样看待自己。早期教育者或其他成人在帮助儿童发展自己的生态身份中发挥着重要作用。

许多人认为，幼儿以自我为中心，只关心自己。虽然这种理解扎根在儿童早期发展的理论中，但并不全面。虽然幼儿通常从自己的视角出发看待世界，但是当他们对有需要的人做出回应时，却表现出一种关心他人的能力与意愿。研究已经发现，即使是非常小的幼儿也愿意而且能够在没有鼓励的情况下帮助别人（Hammond，2014）。幼儿常常对动物和植物表现出类似的关怀（Acar & Torquati，2015；Rios & Menezes，2017；Taylor & Pacini-Ketchabaw，2016）。这种关怀反映了一种积极的生态身份。作为教师，我们可以培养幼儿对他人（人类和非人类）的关怀，以及在这个过程中帮助他们养成从以个人为中心转向以生态为中心的态度与行为。

自我中心的思考方式植根于人类中心说—— 一种认为人类是宇宙中心的观点（Margoni & Surian，2007；Wang，2017）。这是一种二元思维方式，将不必要和有害的一边与另一边对立，比如生态学与经济学的对立、自然与人类的对立、价值与事实的对立。而生态中心的思想坚持，所有事物都是相互联系（而不是相互对立）的（Elliott & Young，2016；Wang，2017）。

生态中心的思想重视自我与自然界的其他部分的非二元关系。这种观点并不否认“我”的存在，但是认识到超越自我关注的重要性。它让我们重新认识到，人类身处自然之中，是自然的一部分，而非与之分裂（Wang，2017）。

另一种区别自我中心和生态中心思想的方法是，判断它们对“资源可持续性”的认识。自我中心的思想让我们将可持续性视作使用或节约“资源”，其目的仅仅是满足人类的需求。生态中心的思想将我们的考虑范围扩大到所有生物和整个生态系统，从而引发基于“整体的系统智慧”的行为（Wang，2017，p. 553）。

儿童在童年早期的经历有助于形成他们的生态身份。我们不期望，幼儿在一次环境教育课或自然游戏活动之后就能够从自我中心转换到生态中心的思维方式。我们意识到，儿童在不同发展领域的能力是逐渐成熟的，这包括儿童的生态身份。

一项最近发表的研究提供了一些有关学前儿童的生态身份在一年之中是如何变化与成熟的新的认识。虽然从参与研究的 11 名儿童身上都可以观察到对自然的欣赏和管理，但是对于管理，5 岁儿童表现出比更小一些的儿童更复杂的理解。随着时间的推移，大部分儿童都能将科学原理或科学发现与珍视自然结合起来，例如，他们会注意到新的植物、探索新的藏身之处、就他们的发现提出问题。在一年的课程中，他们理解了自己与其他生物共同生活在一个世界中，并用不同的方式证明了他们的管理能力——常常伴随高度积极的情绪，尤其是兴奋（McClain & Vandermaas-Peeler，2016）。

许多因素会影响儿童生态自我的发展，如儿童生活和游戏的场所、文化经验、优先事项、与成人和同伴的互动，以及各种各样的正式与非正式教育经历。一些研究认为，促进生态自我健康发展的最重要的因素是，在童年时期经常与自然界进行积极互动（Broom，2017；Williams & Chawla，2016）。这种互动虽然不是发展终身生态伦理的必要因素，但是确实能够起到促进作用。

儿童如何认识他们自己与自然界的关系，在很大程度上会受到其他人与自然界的关系的影响。人们从童年早期就开始知道，社会期望他们成为什么样的人和希望他们做什么。我们可以看到，在儿童将这些期望内化的过程中，群体身份和个体身份是如何相互依存的。由此，其他人对于儿童生态身份的形成确实会产生影响。

一些研究已经开始致力于界定健康的生态身份的发展阶段和发展路径（Stapleton，2015）。一条从自我中心到生态中心的思考方式的转变路径可能包括四个连续但相互重叠的阶段：①自然是乐园；②自然是教室；③自然是义务；④自然是朋友（Wilson，2016）。虽然儿童在童年时期更倾向于认同“自然是乐园”，但是在生命早期种下其他三个阶段的种子，对儿童和环境都是最有益的。

对自然界的早期参与常常包括更多地注意和了解自然及其运作方式，也可能包括了解环境议题或问题。随着个人环境身份的不断深化，儿童开始将自己视作改变环境的主体，这意味着儿童正在形成主体意识与对自己的行为负责的责任意识。

共享资源

幼儿能够意识到，某些自然资源，比如空气和水，属于我们所有的生物（人类和其他生物）。“共享资源”的概念包括这样一种理解，即没有一个人或一群人有权利在使用资源时危及他人的利益，这里的“他人”包括所有生物，以及未来的后代。

共享资源的概念基于“公共资源”视角。“公共资源”事实上是一个古老的英语词语，指的是放牧人用来放牛的公地。1968 年，加勒特·哈丁[①]（Garrett Hardin）在《科学》（*Science*）杂志上发表了一篇文章，描述了牧人通过养殖更多的牲畜，以使个人利益最大化以后导致土地被过度放牧，最终毁坏了牧场。

“公共资源”不是一个常见的词语，另一个相关的词语“公共利益”则更加常见，是一个幼儿也可以理解的词语。公共利益指的是对所有人而不是一个人或一群人有益的事情。在哈丁的文章里，如果牧人理解并尊重公共利益，那么每个人都可以获益，他们就不会过度放牧并最终毁掉牧场。我们今天需要关心的公共资源不仅仅是一块牧场而是整个自然界。公共资源的破坏对所有人来说都是严重的损失。

哈丁的文章有时被用来帮助更年长的学生理解可再生资源和无限资源的区别。牧场对放牧人来说是可再生资源，只要放牧人尊重牧场的使用限度，牧场就会保持健康，人们的需求便能得到满足。摧毁牧场的是个体的贪婪——也就是牺牲群体利益来追求个人利益。

哈丁的文章中蕴含的观念可以被用来帮助年幼的学生理解如何照顾我们共同的栖息地——地球，这意味着关心和照顾彼此（包括植物和动物）。明智地使用资源不仅仅是拯救自然界——它也与我们所有人和我们的公共利益相关。

有助于促进学生思考公共利益的方式是，让他们参与制定对整个班集体都有益的教室规则。你甚至可以帮助他们提出一个标语，表达对公共利益的基本概念的思考，如“在一起更好”和“‘我们’和‘我’一样重要”。一旦儿童接受和拓展这种思考并将其纳入人类和非人类的世

① 加勒特·哈丁，美国生态学家，他对人口过多问题提出警告，并于 1968 年在《科学》期刊发表了一篇探讨“公地悲剧”的著名文章。——译者注

界，他们就踏上了发展健康的生态身份的道路。

哈丁的文章基于这样一个前提，每个牧人都被困在了一个被强迫追求个人利益的系统中，即使（牧人知道）这样做的结果会损害公共利益。如今，有些人仍怀有类似的观点，即人类的天性是自私的，我们为了自己的利益而存在。然而，另一些人提出了相反的观点，即我们天生是有同情心的、利他的。确实，我们可以举出一些个例来支持这两种观点。

我们都知道，儿童被养育和教授的方式会影响他们将来成为什么样的人。如果我们想让儿童成为美好的人——尊重和关爱所有生物的人——那么这就是他们需要被养育的方向。帮助儿童理解“共享资源”的概念并促进他们关心公共利益，便是培养积极的生态身份的关键步骤。

“共同的世界”视角

埃利奥特和扬（Young，2016）以及其他学者（Argent et al.，2017；Busuttil，2016；Davi，2014；Hedefalk et al.，2015；Wang，2017）认为，应当转变对儿童与自然关系的思考方式。他们建议，关于儿童和他们与自然界“理想化的浪漫主义观念”应当被“共同的世界”视角取代。浪漫主义的观念让“作为主体的儿童”了解“作为客体的自然”。基于“共同的世界”视角的教育学挑战人类与自然二元论中无处不在的等级观念。“共同的世界”视角教育学是基于对人类作为自然的一部分的理解。秉持“共同的世界”视角的早期教育者与儿童及自然打交道的方式，超越了自然作为游戏客体的方式（Elliott & Young，2016）。

一些研究早期可持续发展教育的不同方面的学者建议，有目的的教学和“设计目的明确的游戏”（Elliott & Young，2016）可以帮助儿童发现和内化“共享的世界”或“共同的世界”的观念。他们指出，适宜的早期可持续发展教育可以让儿童体验到自己是这个星球的共同栖息者，而不是自然资源的使用者或管理者。

研究者们分享的一个例子记录了儿童和袋鼠在大学校园的草坪上的相遇（Taylor & Pacini-Ketchabaw，2016）。儿童表现出强烈的兴趣，想凑近一些观察袋鼠，随着时间的推移，他们表现出更强的信心并不断地靠近袋鼠。当儿童更加靠近并在袋鼠身边待更长的时间时，他们便会注意到自己和袋鼠在注意力和行为模式方面的差别。比如，他们注意到袋鼠有大大的竖立的耳朵，以及袋鼠耳朵的旋转方式。他们还注意到袋鼠巨大的尾巴，以及它们如何使用自己的尾巴来保持平衡和跳跃。儿童经常在角色游戏中扮成袋鼠的样子，他们寻找或制作巨大的尾巴，把它粘在身体上并跳来跳去。他们把手放在头上，模仿袋鼠转动耳朵。在观察一只死去的袋鼠的尸体后，儿童甚至假装成一只已经死亡的或正在死去的袋鼠。这个例子和“共同的世界”视角敦促我们要超越管理框架的局限，促使儿童“利用”非人类的其他事物进行学习，而不是进行“关于”它们的学习（Taylor，2017）。

实践框架

虽然生态身份、共享资源和“共同的世界”视角提供了培养亲环境的态度与行为的理论框架，但是在落实的过程中，还需要考虑其他几个主要方面，我们可以将这些方面称为“实践框架”。这个框架包括发展适宜性实践（Developmentally Appropriate Practices，DAP）、儿童的权利、生态换位思考、自我效能感、基于场地的学习和环境适宜性实践，此外还包括一些精神方面的内容。事实上，可持续发展教育也许可以被看作环境教育的一种精神延续。

发展适宜性实践

早期教育通常使用发展适宜性实践来寻找有益于幼儿的最佳实践。

发展适宜性实践是一种基于幼儿的学习和发展的教学方法，它以三个核心要素为基础，即关于儿童学习与发展的知识、儿童的个体特征、文化重点（Copple & Bredekamp，2009）。这些要素也适用于早期可持续发展教育。

对于发展适宜性实践的误解有时会使教育者认为，可持续发展教育不适于幼儿，这些误解包括幼儿的学习经历应当是非结构化的，对于幼儿应当学习什么不应有预设的目标和目的，早期教育者应当开展尽量少的教学活动。请记住，这些是误解。早期可持续发展教育和发展适宜性实践一样，都有预先设定的学习目标和目的，早期教育者会综合使用结构化、半结构化和非结构化的教学策略。

虽然发展适宜性实践教学法充分利用儿童的兴趣和好奇心，但是发展适宜性项目的学习目标和活动并不局限于儿童发起的活动，比如个人与社会性发展目标。幼儿可能不会对我们设定的个人与社会性发展目标表现出强烈的兴趣，但是我们要在材料使用、建立联系、满足自己的需求中教会他们对自己的行为负责。教儿童拥有被社会接纳的行为是恰当的，同样地，教儿童拥有被环境接纳的行为也是恰当的。

但是，早期可持续发展教育不应当被认为是一系列教育实践或课程内容，而是一个与自然界相关的思维框架。一些学者将早期可持续发展教育称为面向自然的“总体思维框架”或“心态”（Elliott，2014；Wang，2017）。在早期可持续发展教育中，自然环境不仅仅被视作进行游戏和探索的地方，或者操作和使用的“东西”，一些人甚至将自然称为应当受到尊重的“你”（Schein，2017）。

儿童的权利

联合国《儿童权利公约》宣布，儿童有权表达自己的想法，并在影响他们的事务上让他人倾听他们的观点。毫无疑问，环境的状态会影响儿童——不仅在当下，也在未来。儿童作为环境议题的利益相关者的地位应当得到认可，他们关于可持续实践的想法应当被考虑（Busuttil，2016）。

儿童参与环境议题的权利也适用于童年早期，儿童并非在特定的年龄被给予这种权利或者获得这种权利。事实上，一些研究表明，在童年早期培养儿童参与环境的积极态度与技能非常关键。如果没有这些早期的引入，那么儿童很可能在未来的生活中无法获得这种态度和能力（Busuttil，2016；Duhn，2012；Mackey，2012）。儿童参与环境议题的权利，与他们认识、决定和使用有意义的方式参与环境保护的能力是一致的（Mackey，2012）。

生态换位思考

从另一个角度看问题的能力——通常被称为“换位思考”能力——对于引导儿童欣赏多样性，以及建设更加公平公正的社会非常关键。它对于个人生态身份的健康发展以及早期可持续教育的落实同样重要。超越个人观点往往以同理心的形式表现出来，例如发现他人的感受、境遇。我们可以将这一概念运用到生态背景下，并将其称为“生态换位思考”（Hedefalk et al.，2015）。

幼儿表达生态换位思考的方式包括在宠物身边变得温柔，绕过而不是踩踏蚯蚓或植物。在一间幼儿园教室中，幼儿就“是否应该把动物关在笼子里”这一伦理问题进行争论，这便是生态换位思考的表现。一名 4 岁男孩坐在属于他的树枝上，朝着周围的树大喊：“你，就是你。我想让你感谢我为你做的一切。”

近期的研究记录了如何使用换位思考活动来积极地影响学前儿童对于伤害环境行为的道德判断。

在一项研究中，儿童首先听了一个故事，故事中的外星生物波卢蒂安摧毁了虚构动物旺普斯的栖息地（Peet，1970）。随后，儿童被随机分到不同的小组，分别从行凶者（波卢蒂安）或者受害者（旺普斯）的角度进行思考。结果，持受害者观点的儿童与持行凶者观点的儿童相比，认为环境伤害行为更严重。这个研究不仅发现幼儿有能力换位思考，而且表明换位思考活动可以影响儿童对伤害环境的过错行为的道德判断（Hahn & Garrett，2017）。

自我效能感

早期可持续发展教育并没有告诉儿童应当做什么和不应当做什么来拯救环境。然而，它确实鼓励儿童积极地保护环境。罗杰·哈特①（Roger Hart，2013）提出的“参与阶梯”理论也许可以用来指导关于儿童的不同“积极参与”水平的思考。哈特的参与阶梯理论包括八个梯级，代表了成人 - 儿童在一个活动或项目中的八个不同的参与水平。

前三个水平——操纵行为、装饰行为和象征性行为——事实上代表了不同的“非参与”形式。“操纵行为”发生于当成人利用儿童来实现自己的目的，或者让儿童表达他们（成人）想让儿童思考和表达的东西时；“装饰行为”指的是成人用儿童来改善某个场合或项目的状态，比如儿童可能会唱一首歌或背诵一首诗文，但是他们的出现主要是为了装饰而没有任何意义；“象征性行为”指的是成人对儿童的积极参与所做出的努力仅仅浮于表面。

哈特的参与阶梯理论中的另外五个梯级代表了儿童在成人 - 儿童活动中的不同参与水平。这五个水平都在早期可持续发展教育中发挥了一定的作用，如下例所示。

- 被分配但知情——儿童对学校管理者所发起的回收活动知情，并参与其中。
- 咨询与知情——儿童被邀请分享自己对于在学校里建造和维护蝴蝶花园的看法，并被告知儿童蝴蝶栖息地的重要性，以及哪种植物能

① 罗杰·哈特，儿童权利研究者，目前在纽约城市大学担任心理学和地理学教授，并担任儿童环境研究小组的联合主任。——译者注

够支持当地蝴蝶的生活过程。成人主导蝴蝶花园项目，但要考虑儿童关于蝴蝶花园的面积和地点的观点，并鼓励儿童积极维护蝴蝶花园。

- 成人发起，与儿童共同决策——成人发起活动，但儿童决定活动的进程。例如，一所幼儿园发起节约水资源的活动，教师说明在幼儿园所处的荒漠地带中节约水资源的重要性，并邀请儿童分享自己节约水资源的方法。在一阵讨论之后，儿童经过投票决定，将他们玩水游戏的用水量限制到每天一桶。之前的规定允许儿童无限制地使用操场上的水龙头放出的水，但在这个儿童自主选择的新规定之后，儿童每天早晨装满一桶水，然后当他们的游戏活动中需要或想要用水时再到水桶里面取用。
- 儿童发起和主导——成人只在受到邀请的情况下才参与儿童的活动，参与程度由儿童决定。例如，在一所幼儿园的操场上，儿童在观察小鸟从一块岩石的凹陷处喝雨水后，决定将这里作为永久的鸟池。他们制定了规则，规定如何保持鸟池总有清洁的水、如何保护小鸟和鸟池不受在岩石上或岩石附近游戏的儿童打扰。
- 儿童发起，并与成人共同决定——成人和儿童在一同发起和引导的活动或项目中形成伙伴关系。例如，在一所幼儿园里，一名儿童为了他的“展示和解释”活动，从家里带来一袋混合物。在学习了如何制作混合肥料，了解它如何被蚯蚓和植物使用以后，儿童请求幼儿园添置一堆肥料。教师和儿童一同努力，共同决定肥料堆应该多大，应该把它放在哪里，如何安置、维护和使用它。

基于场地的学习

早期可持续发展教育的教育学立场涉及“基于场地的学习”这一概念（Argent et al.，2017；Green，2017；Selby，2017）。这种学习方法强调让儿童与他们了解的现实存在的社区互动，这可能涉及社区的社会与历史背景，也可能涉及更大的自然环境。

基于场地的学习的生态理念是，我们愿意关照我们所了解和热爱的一切。了解自己生活的地方有助于儿童建立与自己社区的情感联结，以及对当地自然环境的热爱。了解遥远地方的环境对儿童来说太抽象了，无法培养他们对该地的热爱之情。

基于场地的经历对幼儿和成人而言有所不同。成人更多地基于物理和认知视角来认识空间，而儿童倾向于关注空间所提供的活动和意义，他们对自己能够在那个环境中做什么更感兴趣。

正式教育在创造生态敏感的社会中发挥着关键作用，但是仅仅依靠教育机构并不足以创造可持续发展的世界，更广泛的社会支持和参与同样必不可少。儿童需要各种各样能够让他们沉浸于自然的地方——尊重地球的美与完整性的地方，以及为他们提供安全的栖息地的地方。他们需要一个地方，在那里自然能够为心灵、精神和身体提供栖息地。儿童在形成与自然环境的密切关系中需要社会的支持。因此，基于场地的学习应当聚焦于儿童的身体、情绪情感和社会方面的学习经验，以及反复发生的而非相互独立的事件。

环境适宜性实践

帮助儿童形成保护自然环境的态度、倾向和行为应当是每一个早期教育机构的目标之一——不仅仅是森林学校或基于自然的幼儿园。实现这一目标所需要的不仅仅是关于环境的讨论，还需要示范和积极参与。教儿童保护自然的最佳方式之一就是实践，即向儿童示范环境适宜的实践，并让他们参与其中。

一些研究探索了学校持续关注环境的态度所产生的影响，以及这些学校中儿童关于环境的态度和行为（Boeve-de Pauw & Van Petegem，2017；Tucker & Izadpanahi，2017）。这些研究反映出一种理解，即我们在了解建筑时，不应只是在里面进行了解。其中的一项研究发现，与建筑设计风格较为传统的学校中的儿童相比，为可持续发展而设计的学校里的儿童明显有更多的亲环境态度和行为，即使这两种学校使用相同的课程（Tucker & Izadpanahi，2017）。

当然，我们在谈论环境在儿童的学习中发挥的重要作用时，指的不仅是建筑。学习环境由心理、社会、物质方面组成，瑞吉欧·艾米利亚的幼儿教育工作者意识到这些不同方面的教育性力量，并将环境称为“第三位教师”。

对一个能够教会儿童关爱自然的学习环境而言，其创设的方式和原则要反映并体现出这种关爱。大多数情况下，早期学习环境的评价基于教室的布置，以及室内物质环境的评价量表。在进行自评时，成人可能发现以下问题对评价环境的物质、社会和情绪情感方面很有帮助：就他们是谁和应当如何生活而言，这些组成部分会教给儿童什么？它们如何帮助儿童塑造自己的身份？

如果我们想让儿童认为自己是有能力的、有才华的和有同情心的，我们就需要提供一个环境，让儿童有机会进行有意义的参与并看到他们的决定和行为所带来的影响。我们需要牢记，儿童所体验的环境不仅由其物理结构和设备所构成，更重要的是由规则、实践和关系所塑造。环境的塑造还受到我们对儿童及其在社会中的角色的认识的影响。

虽然我们改造物理学习环境的能力有限，但是我们可以与儿童一同开展许多环境适宜的实践，例如，尊重所有生物和它们的栖息地。NAAEE（2016，p. 50）在《儿童早期环境教育项目：卓越实践指南》中提供了一些关于可持续实践的观点。

- 家具设计和活动开展要体现出对环境的责任感，例如节约能源和水、管理固体垃圾（如回收与堆肥）、在食物生产与准备中尽量少使用一次性材料。
- 在选择材料的时候牢记可持续性。
- 在选择材料的时候牢记使用者的健康。

- 户外设计有助于室内的节能、环保（例如使用太阳能热水器）。
- 在合适的情况下，使用无毒的方式处理害虫。
- 在维修和供给的时候牢记可持续性和健康。

NAAEE（2016）提出的关于节约用水的具体建议是，在花园中使用收集和存储的雨水。

如果儿童在童年早期参与环境适宜的实践，他们便更有可能在未来成为对环境负责的公民。

精神方面

有人说："教导儿童不要踩毛毛虫对毛毛虫和儿童来说都很重要。"这种观点指出了，尊重自然界并与之建立联系对儿童发展的益处。环境心理学家和其他学者告诉我们，与自然环境进行积极互动对儿童的健康发展很重要——儿童需要自然的帮助才能获得健康的、整体的发展（Chawla，2015）。儿童尤其需要自然界来实现人在"灵魂塑造"方面的发展，包括对美、神秘和奇妙的欣赏（Schein，2017；Wilson，2016）。如下所述，可持续性在很多时候是一种精神实践，它引领我们思考比我们更宏大和令人敬畏的一切，并提醒我们所共同具有的本质同一性（Schein，2017；Selby，2017；Wang，2017）。

虽然有人将这个世界称为"泪之谷"——我们必然要挣扎、工作和承受苦难的地方，但是约翰·济慈[①]（John Keats）认为，我们生活在"灵魂塑造之谷"——为我们的存在注入生命与惊奇感的地方。将地球称为"灵魂的诞生地"与济慈的观点一致，都反映了我们与自然的联系中的精神维度。

幼儿似乎对与自然接触中的精神塑造方面尤其敏感（Schein，2014）。

---

① 约翰·济慈，英国杰出的诗人、作家，也是浪漫派的主要成员（维基百科）。——译者注

我们常常看到，当幼儿与自然界接触时，他们体验到惊奇感、愉悦和崇敬。自然以深邃的方式触摸他们的灵魂，对幼儿来说，自然不只是一道风景，他们完全利用感官的愉悦来体验自然。在帮助幼儿认识和接触自然界，从而塑造灵魂的过程中，我们帮他们与力量、惊奇和愉悦的不朽源泉建立了联系（Carson，1956）。一旦幼儿学会了热爱和尊重地球，他们就更有可能深切地关心其健康状态，这是环境伦理的核心，也是早期可持续发展教育的必要组成部分。

毫无疑问，童年早期是儿童在身体、认知、社会性、情绪和道德方面快速发展的时期。目前，我们开始意识到，童年早期也是形成积极的环境态度、承诺关爱地球和与自然界建立精神联系的奠基阶段。如果把“关键期”和“敏感期”的概念考虑进去，我们就可能会对这个问题的解决怀有紧迫感。在关键期里，儿童在获得理解和技能方面的感受性得到增强，而这些理解和技能将影响他们的终身能力与态度。由于早期环境经验会决定儿童随后生态自我的发展（Elliott，2008；Wilson，2016），因此我们有必要为儿童提供有助于培养积极环保态度的活动。

也许在儿童早期强调的、最重要的环保态度具有一种难以测量的精神基础，比如共情能力和关爱之情。虽然下文分别讨论了这些态度，但它们之间明显存在着重叠。其中的一部分重叠与不同的世界观，或者我们看待自然的方式有关。

对一些人来说，自然指的是世界上所有不是人类或不是由人类所制造的事物。这种观点认为人类独立于自然，而且可能认为自然主要是一种供人类使用的资源；另一些人可能认为自然就是野生或原始的事物，并用“欠发达的”“缺少管理的和控制的”等词语进行描述。正如这些话语所反映的那样，这种观点集中在自然不是什么，而不是它是什么。

认为自然是一种与自己不同的事物，似乎是幼儿所持有的一种常见的错误观点。一名幼儿清楚地表达了这种观点，她说：“我从来没有见过自然。”其他幼儿将自然描述为一种可以在森林中，或者当野生动物跑到后院里的时候才会发现的事物。似乎很少有人知道，自然是一个相互依赖的网络，而他们自己也是其中的一部分。

帮助儿童形成共情能力与关爱之情，是使儿童具有更健康的自然观——尊重自然界的完整，并促使更和谐的人类与地球关系的形成——的先决条件（Wang，2017）。

共情是一种识别和理解他人的处境与感受的能力。“他人”可以是另一个人，另一群人，其他生物（个体的和群体的），以及生命系统，比如生态系统。一些人可能认为，幼儿过于关注自己，因此他们还没有共情的认知和情绪能力。关于儿童认识自然和与自然建立联系的方式的研究发现，事实恰恰相反。幼儿甚至也能认同和理解其他生物的努力与需求（Ascar & Torquati，2015；Hedefalk et al.，2015）。成人可以通过让幼儿照顾动植物，与他们谈论动植物的生存所需，并在其与自然的互动中示范温柔和关爱，来支持幼儿共情能力的发展。

关爱作为一种积极的保护态度，与共情密切相关，同时也包括对其他人利益的同情心与责任感。因此，关爱很明显地根植于联系或关系中，无法孤立地发展或存在。关爱就是那种只能“捕捉”而无法“教授”的美德之一。

相关研究

有一种假设认为，在童年早期为儿童介绍自然，可以引导他们在未来的生活中做出对环境更加负责任的决定，这种假设得到大量研究的支持。最近一项研究综述的发现表明，儿童参与自然环境对他们的发展具有积极影响，并促进他们对环境的关爱。这个综述分析了大量研究，支持了儿童与自然的有效互动是建立环境意识的最重要的因素的观点，还强调了学前阶段对于儿童与自然界的密切关系的建立、儿童对自然界的共情能力和归属感的形成的重要性（Shaari，Ahmad，& Ismail，2016）。

还有一些研究关注了，关于环境问题的报道和关于对环境负责的生活方式的建议对人们的影响。这个研究表明，仅仅是信息并不足以改变人们对待环境的行为（Hedefalk et al.，2015）。比起告诉他们什么是错的和他们需要做什么来解决问题，对自然界的爱和对其美与复杂性的欣赏更能鼓励人们关爱地球。

有些人可能担心，过度聚焦于可持续发展会影响人类幸福，但事实恰恰相反，因为幸福和关爱地球似乎是互补的目标（Zelenski & Nisbit，2014）。实际上，“可持续的幸福”这一词语可以被用来描述对于人类幸福和环境可持续性的追求，如散步和骑脚踏车兜风，它们对人类和地球的健康都有好处（O’Brien，2008）。因此，与其将负罪感或牺牲与可持续行为联系起来，我们莫不如与自然建立关系，这种关系对环境可持续发展和个人幸福都有好处。我们甚至还可以将与自然的联系视为“通往可持续的幸福之路”（Nisbet，Zelenski，& Murphy，2011）。

第 8 章　特别注意事项

这一章提出了在儿童亲近自然的过程中，需要特别注意的三个方面：①将有特殊需要的儿童考虑在内；②促进跨文化的理解；③让所有人都更容易地接触自然。

将有特殊需要的儿童考虑在内

对一些幼儿来说，户外时间代表了一天当中最孤独和紧张的时刻。他们不能和大部分儿童一样参加游戏活动，或参加同样的游戏活动会让他们感到不舒服。他们在一旁观察，但是不能完全参与。

顾虑

儿童享受或参加户外活动可能会受到多种因素的限制，残疾、恐惧、陌生、胆怯代表了其中比较常见的原因。成人应当敏锐地注意到这些以及儿童的其他顾虑，因为它们可能会限制这些儿童在户外的游戏和学习潜力。成人还应当知道让所有幼儿都更容易地参与户外活动的方法。

并非所有阻碍儿童参与户外游戏的因素都存在于儿童自身，有些因素与其他人的态度和行为，以及户外环境的质量有关。对成人来说，需要时刻谨记的最重要的因素是，“户外时间”不仅仅意味着“课间休息”。“课间休息”这一词语暗含着教师和儿童的“停工时间”。然而，户外时间所提供的远远要比室内日常工作的间休要多得多。

让所有的幼儿在户外活动中获得愉快的、重要的学习经验，适合的环境和成人的支持都发挥着关键作用。安全和无障碍是与物理环境和成人的角色相关的两个需要考虑的因素。虽然这些因素对所有幼儿来说都很重要，但是它们对有特殊需要的儿童而言更加重要，因为他们与同龄人相比更有可能发生意外、受伤和被孤立。

让一些儿童更有可能处于危险之中的条件包括，平衡和运动控制缺陷、癫痫症状、视力和听力损伤、多动症和有限的社会技能。虽然成人应当意识到，有特殊需要的儿童往往会遇到更大的危险，但是他们不应当过度保护或尝试消除所有健康的冒险机会。因为没有危险的环境会限制儿童源自好奇心的学习，儿童需要有挑战性的环境来刺激他们进行探索，并不时地从错误中进行学习。

指导与调整

教师可以通过指导和调整来促进残障儿童参与环境。例如：对有听力损伤的儿童，成人应当一直停留在儿童的视线范围内，以便在必要的时候更容易地引起儿童的注意，也让儿童更好地联系教师；对有视力损伤的儿童，触觉标识可以被用来定义特定的设备和活动区域的位置，如秋千区域的沙子。还可以用声音让有视力损伤的儿童熟悉这一区域，并使得游戏设备更有趣，如风铃和铃铛。

除了消除物理障碍，为幼儿提供的户外环境还应当让他们“在心理上可参与”。这指的是，环境对儿童而言应当充满吸引力、安全和易于理解。

环境也应当具有回应性。当儿童尝试与环境中的元素互动时，具有回应性的环境会产生即时的反应。当儿童控制或调整环境的尝试失败时，他们往往会失去兴趣并放弃尝试。残障儿童可能会比他们的同龄人面临更多的环境回应性方面的困难。虽然正常发育的儿童拧开户外水龙头可能没有任何问题，但是有大脑性麻痹的儿童可能觉得这个任务很困难，他也许会尝试抓住并移动把手，但缺乏足够的运动控制能力和力量。安装脚踏板或者不同类型的把手，也许是一个提高儿童回应性的方法。

虽然早期教育者逐渐意识到，户外游戏对于提高残障儿童的运动发展的重要性，但是户外时间往往没有被充分用于促进残障儿童的社会性发展和社会包容。成人发起的活动可以促进残障儿童与非残障儿童之间的互动。有时，这可能意味着增加活动的结构性。有时，这也可能只需要简化社会情境。成人发起的活动并不意味着，成人领导或主导活动。事实上，成人的主要作用是促进儿童之间的互动。成人可以通过提出一个活动建议或一种游戏情境，让有特殊需要的儿童也参与其中。例如，几名儿童在玩沙区建“公路”，成人可以建议一名有特殊需要的儿童用砖块建一座桥。

户外自然游戏场地与传统的操场相比，在让所有儿童都参与方面具有显著的优势。研究表明，户外自然游戏场地与传统操场或室内游戏场所相比，往往鼓励更多的社会性游戏、更频繁的社会互动、更多的戏剧和建构游戏、更多样的游戏主题、更多的物品转变（用一个事物代表另一个事物），增强游戏的持久性和连续性，有助于提高儿童的语言表达能力和问题解决能力（Cloward Drown & Christensen，2014；Dennis et al.，2014；Luchs & Fikus，2013；Morrissey et al.，2017；Nedovic & Morrissey，2013）。

除了创设更合适的环境，成人的支持对于让所有幼儿在户外环境中都参与社会活动也非常重要，但人们对此常常无法理解和领会。当被问到在户外时间做了什么来促进儿童的社会性发展时，早期特殊教育机构中的一名实习教师琳恩回答道：“我在午餐和点心时间促进儿童的社会性发展。当我们在户外的时候，我就让孩子们玩。”让人感到悲伤的是，琳恩似乎对自己的答案很满意。虽然更有经验的教师可能永远不会像琳恩一样回答，但是他们的行为却表现出他们持有类似的想法。例如，教师之间的社会互动经常发生在户外时间。虽然大部分教师都意识到监护幼儿户外游戏的必要性，但是他们的主要关注点似乎是安全而不是儿童在各方面的成长与发展。

虽然一些儿童在户外游戏中“没人看管”也能玩得很好，但是另一些儿童比其他儿童需要更多的示范、鼓励、身体适应和巩固，才能参与更多的户外活动。那么，成人如何让户外游戏对所有儿童而言都更容易参与、更有意义呢？以下是一些具体的建议。

- 提供多种多样的游戏和学习材料，让所有儿童都能基于自己的兴趣、能力和舒适区进行选择。提供多种可以在户外使用的艺术活动、角色游戏和建构游戏材料（积木等），为儿童提供多样的选择。这对于认为大肌肉活动比较困难或可怕的儿童来说尤为重要。
- 提供一模一样的玩具，尽量减少儿童的失望，鼓励社会互动。例如，沙盒里应当有水桶、铲子和搅拌棒。还应该有一模一样的骑行玩具（自行车、小手推车等）、球和角色游戏材料。一模一样的、有趣的材料有助于同伴之间的健康互动，提高安全性。游戏场上的欺凌行为有时就是因为材料匮乏，或者儿童没有事情可做。
- 鼓励所有儿童参与大肌肉活动。有残疾的儿童可能会害羞，不愿意参加攀爬或滑梯等活动。然而，练习技能和增强自信心对他们而言很重要。成人应当温柔地鼓励他们尝试新的活动。
- 不要过度保护害羞或有残疾的儿童。过度保护通常会造成“习得性无助”（Wilson，2003b）。成人应当基于这样一种假设来工作，即所有儿童都是有能力积极参加户外游戏的个体。他们应当记住，儿童发展的目标应当包括独立性、技能发展和自信心。当有必要为残障儿童调整环境时，还应考虑如何让所有儿童都受益，如开辟更大的空间和提供更多的材料选择。
- 不要期待所有儿童都能自发地参加户外活动。一些儿童在户外需要示范、鼓励和指导，成人应当在儿童需要的时候随时提供鼓励与支持。

- 鼓励同伴间的互动。一些儿童在户外倾向于守在成人身边，尝试与成人交谈或进行互动游戏。儿童的行为可能是出于对获得保护或关注的需求。成人恰当的回应是，让儿童确信自己是安全的，但是让儿童与其他儿童互动才是成人期待的行为。
- 在游戏环境中添加开放性材料，为儿童提供改变他们的游戏场所和游戏活动的机会。开放性材料（例如树枝、石头、卡片盒子、旧地毯、贝壳、分类托盘、水桶等）为创造性地创设环境提供了绝佳的材料。通过这样的创设，儿童为自己打造了一个游戏场所。所有感能够鼓励儿童进行创造活动、解决问题和更持久地参与。因此，与其为儿童创造特别的地方，我们不如与他们一起去创设环境，这意味着儿童游戏环境的创设永远不会完全结束。通过持续地动态变化，开放性材料满足了儿童在游戏中多样的、不断变化的需求，促进了更加丰富的游戏形式的出现。
- 提供“安抚物”，如饮用水、树荫、防风林及儿童尺寸的长椅和桌子。考虑儿童的情绪和心理需求，以及身体和社会需求。要知道，一些儿童可能更喜欢小组活动而不是大的集体活动。在必要的时候，安抚和鼓励他们。充分利用户外环境恢复、疗养和治疗的特质。对于一些儿童来说，平静、安宁的地方刚好可以缓解他们在生活中的其他方面遇到的压力。
- 敏感地捕捉儿童的感受和焦虑，要认识到，有些儿童害怕某些特定的户外元素。例如，有些儿童害怕蜜蜂、蜘蛛和雷声，也可能害怕蝴蝶和鸟。还有一些儿童可能害怕参加追逐打闹游戏。与儿童私下谈论他们的感受，并逐渐引导他们更好地理解他们的恐惧之物，这通常很有帮助。
- 提供在自然空间中进行探索和参与活动的机会。自然空间能够让儿童以一种在更有组织、更正式的环境中所不能实现的方式来探索环境和操作材料。

- 与家长和治疗专家讨论儿童的恐惧、特殊需求和兴趣。就残障儿童而言，要了解哪种活动对他们尤其有帮助，以及哪种安排能够让他们参与更多的活动。
- 为有身体残疾的儿童做出必要的改变，让环境适应他们的需求。以下是一些可用于实践的建议。
  - ※ 用木屑代替碎石或沙子，铺在地面上。坐着轮椅的儿童或使用脚支架的儿童在木屑上比在沙子或碎石上更容易移动。如果儿童摔下来，木屑还具有抗冲击性，让环境更安全。
  - ※ 在秋千架上绑上皮带或使用木桶椅，帮助有改变姿势或平衡困难的儿童。还可以使用适应轮椅的秋千，秋千平台上的折叠斜坡要能允许轮椅的进入。当荡起秋千时，夹子要能把轮椅固定住。
  - ※ 把滑梯嵌入斜坡的一侧，这能够消除台阶相对于滑梯的障碍作用，也能尽量减少摔倒所带来的受伤风险。
  - ※ 提供一个升高的沙盒与园艺区域，让轮椅中的儿童能够轻松使用。

幼儿的户外游戏场地应当是富有刺激的、安全的、令人兴奋的地方，应当反映和回应个体儿童的需求与兴趣。提供自然区域能够极大地提高户外游戏场地的游戏与学习潜能，因为自然为儿童提供了丰富的感官刺激，以及丰富的探索和参与的机会。

幼儿的户外游戏场地应当被设计为“特别的地方”——儿童可以体验到愉悦和兴奋的地方，儿童天然的惊奇感被重视和鼓励的地方。户外游戏场地应该可以被所有儿童使用，没有孩子被孤立在一旁，做消极的观察者。

促进跨文化的理解

联合国《儿童权利公约》清楚地将教育目标之一表达为：

培养对儿童的父母、儿童自身的文化认同、语言和价值观、儿童所居住国家的民族价值观、其原籍国以及不同于其本国的文明的尊重。

这是一个具有挑战性的目标，但是我们有资源和指南的支持。反偏见课程便是这类资源，虽然第一版的发布已经是多年前的事情，但《反偏见课程：让儿童变得强大的工具》（*Anti-Bias Curriculum: Tools for Empowering Young Children*，Derman-Sparks & ABC Task Force，1989）在当前仍然是引领我们思考尊重文化认同与多样性的重要资源。更新的版本——《对幼儿和我们自己的反偏见教育》（*Anti-Bias Education for Young Chidlren and Ourselves*，Derman-Sparks & Olsen Edwards，2010）——提供了关于如何帮助儿童和家庭在欣赏自己的文化身份与价值观的同时，尊重与他们不同的人和文化的新的见解。

反偏见课程的核心目标之一是，帮助每一名儿童“用人类的多样性来表达舒适与快乐”（Derman-Sparks，2011）。为了实现这一目标，与儿童一起工作的成人也必须用人类的多样性来表达舒适与快乐。在早期教育活动中的一种方法是，将儿童的传统文化和语言融入日常的学习与课程之中。有时，这意味着将我们的观点和喜好放到一边，让材料和活动对参加教育项目的儿童和家庭而言更具有文化适宜性。例如，为了充分发挥泥土的游戏价值，我们可以计划一些活动，包括让儿童用勺子搅拌泥土、用泥土作手指画、光脚走过泥土并制作脚印、为一个假装的派对制作泥土派。有些家庭感觉这种泥土活动超出了他们的舒适区，但这些家庭的观点应当被尊重，应当为对泥土活动感到不舒服的儿童和家庭提供替代性的活动。将食物（如玉米粉、大米、玉米、麦片等）用于游戏时，也应当考虑不同的观点和价值观，因为有些家庭可能会认为，食物不应当被用于提供营养以外的任何用途。为了表示对这种感受与价值观的尊重，最好的方法是不将食物用于游戏、艺术与手工活动。

成人还应该牢记，一个人对自然中什么美丽、什么有趣的观点受到社会的影响，根植于其文化和熟悉的情境（Duncan，2011）。敏感地洞察文化差异，尊重家庭与儿童的态度、价值观和风俗十分重要。北美环境教育协会发布的《儿童早期环境教育项目：卓越实践指南》(2016)提供了相应的建议，包括：

- 了解儿童的文化传统、观点、需求和兴趣，并评价活动在多大程度上满足了这些传统；
- 促使教职员工很好地理解儿童的文化传统，并对其怀有同理心；
- 让与儿童拥有同样的文化传统的人参与活动和材料的计划与试点工作，并持续不断地为活动提供建议。

在花园里种下理解的种子

一些学校利用校园花园来帮助儿童了解自己和自己的文化。如果在这个过程中能够让社区积极参与，让花园里的活动包含一些可影响几代人的内容，那么这种方法将更加有效（Mayer-Smith，Bartosh，& Peterat，2007）。

澳大利亚的一项“多元文化学校花园”项目使用了“花园伙伴”来促进儿童的跨文化欣赏与理解。父母、监护人、祖父母和其他社区成员（尤其是新到澳大利亚的人）与学生一起建造食物花园。这些“花园伙伴”在进行园艺活动的过程中相互指导，成人分享关于园艺的故事和信息以及他们的文化，儿童指导成人伙伴学习英语，并与更多的人建立联系。这种方法基于一种理解，即共同参与园艺活动、烹饪活动和相互学习有助于形成联系紧密的群体。结果表明，项目有效地实现了这些目标（Cutter-Mackenzie，2009）。

位于美国新墨西哥阿尔布开克市的“沙漠绿洲教学花园”也使用花园来促进多元文化理解。除了使用花园来帮助学生和社区居民进一步了解当地的环境知识，花园中的课堂和工作坊也增进了学生对当地文化的理解与欣赏。示范和操作活动聚焦于传统，比如在“奥尔诺”（一种户外土窖炉）里面烹饪和种植“三姐妹花园”（在一个土堆里同时种植玉米、南瓜和豆子）；使用土制水瓮（一种多孔的陶罐）进行高效灌溉，增进与古代社区的联系。

与文化相关的活动

前文已经提及，联合国《儿童权利公约》认为，儿童在影响他们的事务上有权利使他人倾听他们的观点。儿童所生活的社会与物理环境会对他们产生非常深远的影响。因此，在环境的创设方面，我们应当听取儿童的意见。我们的挑战是，找到年龄适宜和文化相关的方式来支持儿童发表意见。例如，美国加利福尼亚萨利纳斯的社区项目将艺术和自然结合起来，以一种有意义的方式让人们听到儿童的声音。

萨利纳斯有 75% 以上的居民认为自己是拉丁美洲人，他们当中的许多人都生活在贫困之中。几年前，儿童被邀请来参加一个花园设计的项目。除了通过绘画和访谈了解儿童的意见，儿童还被鼓励使用“尼古盒子”（Nicho box）来表达他们喜欢社区的哪些地方。制作“尼古盒子”是美国西南部的一种常见的民间艺术，它需要混合使用多种媒介来表达个人具有精神意义的想法和信念。在这个项目中，儿童使用了鞋盒，并用明亮的颜色加以喷涂。他们使用照片、小雕像和词汇来装饰他们的盒子，表达社区中什么对他们而言是重要的。儿童的“尼古盒子”在校园文化之夜上进行了展示，一位参与该项目的教师表示，学生“非常渴望收集能够代表他们的文化的东西”（Derr，2017，p. 84）。

让所有人都更容易地接触自然

儿童参与自然和自然游戏的机会并不平等。一些儿童生活在自然丰富的环境中，另一些儿童则只有非常有限的机会接触安全的自然环境。一些儿童参加基于自然的森林幼儿园或森林学校，另一些儿童则可能几乎没有机会与自然互动。另外，一些社区的“游戏文化”不鼓励自然游戏。如果游戏文化是基于“好游戏”构成要素的错误观点，那么儿童游戏的权利便会遭到损害。在一些城市里，商业化的私人游戏场所将“好游戏”设计为奢华的、安全的和有器械的游戏（Sullu，2017）。这是一种由错误的观点所指引的认识，其中还含有那种认为游戏应当由一些有价值的目标组成的想法。持有这种观点的父母可能会寻找以促进儿童的学业学习为特征的游戏场所，这与联合国《儿童权利公约》对于儿童游戏权利的陈述相悖。

商业中心里的儿童游戏场越来越受欢迎。这表明，相对于真正的游戏，有些人对消过毒的、程式化的游戏更感兴趣，他们真的对那种让儿童远离户外，不用积极参与自然的游戏观点“买账”。这种趋势向城市设计者和公众暗示，为儿童游戏提供户外场地不重要。这更不利于生活在贫困地区的儿童，因为他们所能获得的游戏选择比其他地区的儿童更少（Sullu，2017）。

一些社区正在用具有创造性的新方法来解决儿童参与自然的机会不断减少的问题，下文便介绍了几个新项目。

自然图书馆

各种类型的社区都有公共图书馆，它们服务于所有年龄阶段的居民，为儿童和家庭提供了可以接触丰富的项目和资源的安全之所。一些图书馆增加了进入自然的通道，并将其作为他们的一种资源。美国明尼苏达州圣保罗的太阳光图书馆开发的“自然图书馆”项目便是一个绝佳的例子。“自然图书馆”有一座户外阅读花园，里面有对野生动物无害的植物（包括一个授粉者花园）和新种植的树木。图书馆里还有一个室内的自然角，里面有可互动的野生生物，以及多扇通往户外阅读花园的门。太阳光图书馆的工作人员和志愿者提供各种各样的活动与资源来提高儿童的读写能力并进行环境教育。图书馆有可以借用的“自然背包”；

提供了不同语言的家庭故事时间以及基于自然的活动；还有一个家庭自然俱乐部，吸引有丰富的户外经验的居民。“自然图书馆”项目由图书馆与“儿童与自然网”合作推进，目的是提供一种范式，让其他社区的图书馆学习促进儿童亲近自然的方式。一些关于图书馆功能的建议包括：①创设户外阅读区；②方便读者从图书馆借用户外设备（背包、指导手册、指南针）；③提供与自然有关的家庭活动。

儿童的游戏区域

许多公共场所，例如国家公园、植物园和自然保护区，都有不能采摘花朵或收集自然材料的规定。一些地方还要求探访者只走人行道，不准爬树和进行建造堡垒等有趣的活动。一名成年游客甚至请求，儿童应当被限制使用公共的自然场所，因为他们很吵闹。

一些管理者的态度和公共场所的规则正在改变，如美国印第安纳沙丘国家湖岸公园。在阅读了《林间最后的小孩：拯救自然缺乏症儿童》（Louv，2006）以后，这里的几名工作人员建议为儿童建造一个非结构化的游戏区域。他们需要说服湖岸区的主管，还要改变湖岸区的规则，最终在湖岸区里创设了一个“自然游戏区域”。在这里，儿童可以自由地攀爬树木、运送装满沙子的篮子、收集石头和用漂来的木头建造房屋与堡垒。这个游戏区被认为是美国国家公园体系中第一个非结构化的、可以动手操作的游戏区域，它就位于印第安纳盖里市的旁边，盖里市几乎没有户外游戏场地或者其他被批准用于自然游戏的区域。

一位在公园里工作的自然主义者表示，儿童在自然游戏区域里的行为和他们在传统游戏场地里的行为不同。他们在自然游戏区域里的游戏往往是探索性的，儿童常常提出问题并自己解决问题，或在成人或其他儿童的帮助下解决问题。儿童建造复杂的巢穴、堡垒和结构，他们相互合作并尝试新的事物。他认为，儿童游戏内容的不同得益于自然游戏区域的范围和其中开放性的、可以被操作的材料（Swift，2013）。

社区花园与公园

建造社区花园是另一种促进儿童亲近自然的方式。社区花园通常是由当地社区成员所管理和经营的公共空间，里面通常种有果蔬和鲜花。虽然所有年龄阶段和所有能力水平的人都可以从社区花园中获益，但是它对于具有身体或心理健康或教育问题的儿童和成人而言尤其有利（Datta，2016）。

一些社区花园特别强调种植果蔬，这对很少能获得新鲜水果和蔬菜的贫困社区而言尤其重要。其他社区不仅将花园应用于种植食物，还使花园成为社交、庆祝和学习的中心。例如，一个加拿大社区提供的活动包括艺术活动、瑜伽、土著居民知识分享、讲故事、音乐、舞蹈、跨文化烹饪、食物分享和儿童的生日聚会（Datta，2016）。一名幼儿在壁画中表达了社区花园的重要性，她在画中描绘了一个友好的社区。在6岁的凯亚的壁画中，整个街区都致力于社区花园的创设。她说，花园一定要大，因为“那里是人们种植果蔬与花朵，和做很多有趣的事情的地方”。

让儿童有更多的机会进入安全的公园是另一种促进儿童亲近自然的方式。公园对生活在城市里的、很少接触自然的儿童而言特别重要。事实上，美国第一座重要的公园——纽约市的中央公园——在很大程度上就是因为一个民主的原则而发起建造的，即所有城市居民（不仅仅是富裕群体）都有权利享受美丽的公园和自然空间。中央公园成为其他城市的模范，让拥有所有背景的人们都可以获得游戏和消遣的机会（Frost & Sutterby，2017）。

不幸的是，虽然后来的城市计划通常会包括为儿童建造公园和游戏场所，但是安全的、有吸引力的公园的不公平使用仍然是一个问题。在美国，高收入人群和白人群体与其他群体相比，每名年轻人所使用的公园的面积明显更大，高质量的公园的数量更多，而且公园也更安全（Rigolon，2017）。一项研究发现，美国70%的户外休闲活动的参与者都是白人（Outdoor Foundation，2014）。对公园和其他自然场所的不公平使用在其他国家也是一个问题（Hoffimann，Barros，& Ribeiro，2017；Lin et al.，2017）。

许多地方正在采取行动来尽量减少某些人群参与户外自然活动的障碍。其行动理念是，亲近自然是一件严肃的事情——它不仅仅是玩得开心，还是一种基本权利。与自然的接触影响所有人的健康与幸福，其中儿童是一个极为弱势的群体。因此，公平的社会需要确保所有人都有机会享用让他们感到安全和受欢迎的自然环境。

谢天谢地，在自然中游戏的需求正在全世界受到前所未有的关注。让儿童亲近自然不仅仅是一个想法，更是一种必要。如果我们毫不松懈地继续努力，它就会变成所有儿童的现实。

后　记

“完整儿童”的思想作为儿童早期教育的前沿问题已经存在很多年了，我们对它的理解在不断深化。曾经，根据儿童整体发展的需求进行教学意味着促进儿童身体、社会性、情绪情感、认知和交流能力的发展。如今，我们知道，我们还需要面对儿童整体发展中的生态和精神方面。这需要帮助儿童意识到，他们是比自己更伟大的事物的一部分，并且所有的一切都以某种方式联系着。我们还意识到，儿童若要发掘自己的全部潜能，就需要形成对彼此和对自然界的同理心和关爱之情，以及惊奇感。

虽然自我实现和整体发展有时被认为是教育的最终目的，但是我们现在知道，“自我”并不能离开更大的整体而单独存在。若要获得充分的自我实现，就必须与更大的整体协调一致，因为任何个体的自我实现都只能发生在关心整个地球发展的过程中。于是，教育便包括对强化和加深我们自己的人性（Mische，2006），建立更加和平的社会——人们真诚地关心彼此和地球上所有生物的社会——的呼吁。

作为其核心，让儿童亲近自然便意味着形成一种和平的文化——一种基于尊重所有的生物并能够与之共情的文化。和平不仅是指没有战争、敌视和暴力，和平也反映了和谐、正确的关系和社会公正的存在。虽然非暴力是和平文化的组成部分，但是和平的生活方式也包括恻隐之心、关爱、公平、合作和对所有生物的敬意。

诗人威廉·布莱克[①]（William Blake）告诉我们“所有的生命都是神圣的”（Blake，1793）。专注于自然游戏可以帮助儿童无意中感觉到这种神圣。一旦儿童体验到自然界的神秘与惊奇并将自己视作其中的一部分，他们就会意识到与更大的世界和谐共处的重要性。他们将知道成为一个平和的人意味着什么，也将看到神圣和完整之间的关系——不仅对他们自己，也对所有的生命体。

① 威廉·布莱克，英国诗人、画家，浪漫主义文学代表人物之一。——译者注

参考文献*

Acar, I. and Torquati, J. (2015). The power of nature: Developing prosocial behavior toward nature and peers through nature-based activities. *Young Children, 70* (5), 62-71.

American Heritage Publishing (2001). *The American Heritage Dictionary,* fourth edition. New York: American Heritage Publishing.

Argent, A., Vintimilla, C.D., Lee, C., and Wapenaar, K. (2017). A dialogue about place and living pedagogies: Trees, ferns, blood, children, educators, and wood cutters. *Journal of Childhoods and Pedagogies, 1*(2), 1-20.

Bagot, K.L., Allen, F. C. L., and Toukhasati, S. (2015). Perceived restorativeness of children's school playground environments: Nature, playground features and play period experiences. *Journal of Environmental Psychology, 41,* 1-9.

Bailey, L.H. (1905). *The Outlook to Nature.* New York: Macmillan.

Barbiero, G. and Marconato, C. (2016). Biophilia as emotion. *Visions for Sustainability, 6,* 45-51.

Baylor, B. and Parnall, P. (1978). *The Other Way to Listen.* New York: Charles

* 为了环保，也为了节省您的购书开支，本书参考文献不在此一一列出。如果您需要完整的参考文献，请联系 1012305542@qq.com 下载。您在下载中若遇到什么问题，可拨打 010-65125990 咨询。

Scribner's Sons.

Baylor, B. and Parnall, P. (1987). *The Desert Is Theirs.* New York: Aladdin.

Bell, A.C. and Dyment, J.E. (2008). Grounds for health: The intersection of green school grounds and health-promoting schools. *Environmental Education Research, 14,* (l), 77-90.

Berto, R. and Barbiero, G. (2017). How the psychological benefits associated with exposure to nature can affect pro-environmental behavior. *Scientific Pages of Cognitive Science, 1*(l), 16-20.

Bilton, H. (2010). *Outdoor Learning in the Early Years,* 3rd edition. New York: Routledge.

Black, J. P. (2017). *The Hummingbird Approach: A Case Study of Guided Discovery Learning for Children in Nature.* Unpublished master's thesis. Royal Roads University, Victoria, British Columbia.

Blair, D. (2009). The child in the garden: An evaluative review of the benefits of school gardening. *Journal of Environmental Education, 40*(2), 15-38.

Blake, H.E. (2008). *Wonder and Other Survival Skills.* Great Barrington, MA: Orion.

Blake, W. (1793/2000). America: A Prophecy, plate 8. In *William Blake: The Complete Illuminated Books.* London: Thames & Hudson.

Blanchet-Cohen, N. and Elliott, E. (2011). Young children and educators' engagement and learning outdoors: A basis for rights-based programming. *Early Education and Development, 22*(5), 757-777.

Bohart, H., Charner, K., and Koralek, D. (2015). *Spotlight on Young Children: Exploring Play.* Washington, DC: NAEYC.

Bohling-Phillippi, V. (2006). The power of nature to help children heal. *Exchange, 17*(l), 49-52.

Broom, C. (2017). Exploring the relations between childhood experiences in nature and young adults' environmental attitudes and behaviours. *Australian Journal of Environmental Education, 33*(1), 34-47.